転職する勇気

安斎響市
Kyoichi Anzai

「強み」がない人のための
転職活動攻略マニュアル

JN190684

育鵬社

プロローグ

どのモードに設定しますか？

［転職エンジェル］
［転職デビル］
［転職エルフ］
［転職ゴーレム］

「なんだか、よく分からないな……」
ある人材系企業が提供するスマホアプリ「AI転職エージェント」の初期設定画面。そこに映し出された選択肢は、「エンジェル」「デビル」など、まるでゲームのキャラクター選択のようなものだった。

「別に何でもいいか」
そう思って、画面一番上の「転職エンジェル」を親指でタップする。

［転職エンジェル］
可愛くてキュートなエンジェルは、道徳的・倫理的な理想を強く持っています。エンジェルの指導に従うことで、必ずやあなたを正しい道へと導いてくれることでしょう。ただし、絶対的な善悪の基準を持っているため、人間の曖昧さや弱さを理解せず、厳しい判断を下すことがあります。

【決定する／戻る】

「絶対的な善悪の基準……？　なんかちょっと苦手だな」
若干の違和感を持った僕は、次の「転職デビル」の説明欄を見てみる。

［転職デビル］
毒舌でおしゃべりなデビルは、強力な力と知識を持っており、その指導に従うことで目

の前の問題を迅速に解決できます。ただし、悪魔との取引には高い代償が伴うことが多く、長期的に見て自身や周囲に深刻な影響を及ぼす可能性があります。

【決定する／戻る】

「悪魔との取引？　高い代償って何なんだ？　怖いな……。でも、ガチなアドバイスをもらえそうかも」

そのまま**【決定する】**ボタンをタップすると、スマホ画面に「転職デビル」のアバターが現れた。デビルというか「悪魔のコスプレをしたクマ」で、なんだかアホっぽい、とぼけた顔をしている。

「こんにちは、私が転職デビルです。これから、あなたの転職活動のサポートをさせていただきます。最初に、あなたの名前を教えてください」

「田中です」

「田中デス様、ですね」

「あ、いや、そんな即死みたいな名前じゃないです」

「冗談です！　即死だなんて、これから転職活動をしようってのに縁起でもないですね！」

「びっくりした……。冗談を言うのか、このＡＩ」

「当たり前でしょ。私たちＡＩは生きているのだから」

「怖い怖い怖い！」

「冗談です。それでは、あなたの呼び方を教えてください。田中様・田中さん・田中君、どれがいいですか？」

「なんか変なアプリだなぁ。呼び方なんて別にどうでもいいけど」

「この画面で選択をしない場合、自動的に『田中』になりますが、よろしいですか？」

「え？」

「それでいいんだな、田中？　じゃあ、次の画面に進もうか、田中」

「さすがに呼び捨ては嫌だよ！　じゃあ、田中君、で」

「分かりました。では『田中君』に設定します。それでは、次にあなたの職務経歴を教えてください」

＊＊＊

僕は田中。26歳の新卒4年目。

中小食品メーカーの地方支店で営業職として働くこと、約3年半。

「会社を辞めたい」

僕は今、そう思っている。

初めての転職活動だから、右も左も分からない。

とりあえず、某ＹｏｕＴｕｂｅｒが先日公開した動画で「このアプリめっちゃ面白いから、試しに使ってみて！」と紹介していたスマホアプリの転職コンテンツを試しているところだ。

果たして、このアプリがいったいどの程度役に立つのかは分からない。ただ、今は何でもいいから転職活動のヒントが欲しかった。そこで、「ＡＩが転職活動中の質問や悩みに何でも答えてくれる」というこのアプリをインストールしてみたのだった。

もちろん、転職エージェントのサービスなどに会員登録をして、キャリアアドバイザーの人に質問をすることもできるだろう。その方がたぶん早い。それは分かっている。けれど、僕の場合は、とりあえずまずはスマホアプリで試してみたかった。

「え？　その程度のことも知らないんですか？」

「なぜ、そんな初歩的なことさえ自分で調べて来ていないんですか？」

そう言われるのが、怖かったから。

あまりにも無知で頭の良くない自分は、きっと転職エージェントにも見下されて、まともに相手にしてもらえない。

そして、何より……、

「あなたの経歴じゃ、ちょっと転職は難しいですね」

そうはっきり言われるのが、怖かった。

生身の人間に真剣な顔でそう言われたら、メンタルの弱い僕はきっと立ち直れない。だから、スマホアプリに頼ることにした。

「分からないことを全部聞いて、答えてもらおう」、相手がAIなら緊張しなくて済む。どんなくだらない質問をしたってAIが相手なら別に気にならないし、仮に「転職可能性はE判定です」と言われたとしても、転職エージェントに言われるよりは傷つかないと思った。

僕には、何の強みも、能力もスキルもない。

その事実を、他人から指摘されるのが怖かった。

「お前なんか、転職できるわけがない」

そう、面と向かって言われるのが怖かった。とにかく、傷つきたくなかった。

でも、そのときは思いもしなかったんだ。スマホアプリのＡＩ「転職デビル」との偶然の出会いが、まさか、ここまで僕の人生に影響を及ぼすだなんて……。

この本の使い方

この本は、自分に自信がない若者「田中君」と、毒舌なＡＩアドバイザー「転職デビル」との会話を中心に構成されています。

強みがない。スキルがない。資格も実績もない――。

そんな状況に置かれた人が転職を成功させるための具体的な方法を、田中君の悩み／質問に転職デビルが一つひとつ答える形で説明していきます。

最初から順番に読み進めていってもいいですし、全部で50のパートのうち、自分の状況に当てはまるところ、特に知りたい内容のところから読んでもかまいません。

強みがない。スキルがない。資格も実績もない――。

そんな人には、転職は無理だと思いますか？
転職に成功できるのは、頭が良くて仕事ができる優秀な人だけだと思いますか？
今の段階では、そう思っていてもかまいません。
本当にそうなのか？　他人に誇れる強みがなければ、転職はうまくいかないのか？
この本を読みながら、じっくりと考えてみてください。

もくじ

イラスト：ひよこ店長（シブヤタクト）

第1章 「強み」がないと転職はできない？

第1節　ほとんどの人間には「強み」なんてない

1　転職未経験なのに「自分にはムリ」と決めつけるな

「これで初期設定は完了です。転職活動に関して何か分からないことがあれば、何でも質問してください」

「えっと……、じゃあ、さっき登録した経歴を見て、僕でも転職できそうな会社ってあると思う？」

「そんなもん、分かるわけないやろ」

「え？」

「たいへん失礼しました。その質問の答えは、私には分かりません」

（今、タメ口で「そんなもん、分かるわけないやろ」って言った……？）

「他に質問があれば、どうぞ」

（それに、最初の質問から「分かりません」かよ。もしかして、このアプリ全然使い物にならないんじゃ……。）

「じゃあさ、僕には今後、どんな仕事が合っていると思う？」

「そんなもん、分かるわけないやろ」

「え？？？」

「たいへん失礼しました。そんなこと、分かるわけがありません」

「なんだコイツ、ふざけてんのか？　ちゃんと教えろよ！　僕はいったいどうやったら転職できるのか知りたいんだ」

「じゃあ、敬語は抜きにしよっか。堅苦しいからね」

妙に人間っぽいリアルなＡＩが、スマホ画面の中から私に話しかける。ＡＩの進化は本当に目覚ましい。

「転職は、できるよ」

「え？　できるの？」

その答えに、僕はちょっと拍子抜けした。「お前に転職なんてできるわけない」という回答を恐れていたのに、あっさり「できる」と言われると、それはそれで違和感がある。

「うん、余裕だね」

「余裕？　いったいどうやって？」

「普通に企業の中途採用の募集に応募して、面接を受ければいいじゃないか」

「それはそうだけどさ」

「逆に、田中君は、**なぜ、過去にやったこともない転職をやる前から『できない』と決めつけるんだい？**」

僕は「ハッ」とした。

「できるか・できないかを判断する前に、転職活動の基礎知識くらいは知ってるのかい？」

「……知らないよ。じゃあ、その基礎知識っていうのを教えてよ」

2　転職活動で一番大事なのは「面接」ではない

「いいよ。まずは全体の流れから。転職活動は、基本的にこんな感じで進んでいく」

職務経歴書の作成
↓
転職エージェントに
登録
↓
応募企業選び
↓
書類選考
↓
一次面接
↓
最終面接
（企業によって
面接回数は変わる）
↓
内定
↓
内定承諾
↓
入社

「こうやって整理してみると、意外と簡単そうだろ？」

「そりゃ、口で言うのは簡単だけど……」

「この全体の流れのうちで、一番大事なのってどこだと思う？」

「え？　それは……最終面接じゃない？　やっぱり」

「違う。最終面接は、たいていの会社では役員との顔合わせみたいなもんだから、一次面接に比べたらハードルはそんなに高くない」

「じゃあ、一次面接？」

「違う。たしかに、一次面接は入社後に直属の上司になる人が面接官に就く場合が多いか

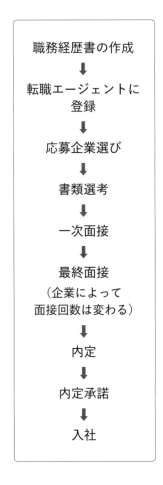

ら、重要な関門ではあるけど、一番大事ってわけじゃない」

「じゃあ、書類選考だ！」

「違う。田中君、センスないな」

「なんだよー、ＡＩのくせに」

どうやら、最初の説明に「毒舌でおしゃべり」と書いてあったのは本当らしい。

「面接でも書類選考でもないとなると、他に何かあったっけ？」

「**企業選び**だよ」

「応募する企業の選び方ってこと？」

「そう。**受ける企業をどこにするか決めた時点で、転職活動の9割は決着がついている**」

「9割？　そんなに？」

「求職者の大半はそもそも、とうてい内定が出るわけもない無謀な企業を受けている。だから、何社受けても内定が出ない。永遠に見込みがない。それが現実なんだよ」

ものすごい毒舌だ。ＡＩにしてはやけに感情の込もった声で、転職デビルは言う。

「きちんと受かる可能性のある企業を選んで応募する。それだけで、転職活動の9割は終わったようなものなんだ」

「いや、でもさ……」

「何だい？　田中君」

「だから、僕は最初の質問で聞いたじゃないか。僕でも転職できそうな会社はあるのかって。そしたらさっき、転職デビルは『分からない』って答えたよね」

「そりゃそうさ、今の時点で分かるわけないよ」

「それじゃ、僕が転職できるかどうかはまだ分からないじゃないか。なんで『余裕』だなんてウソを言ったんだよ？」

「ウソじゃない。田中君は転職できる。というか、**転職できない人なんて、いないんだよ**」

「いない？」

「そう。転職は、誰でもできる」

意味が分からない。この変なクマはいったい何を言っているんだ？

3　転職に「強み」は必要ない

「誰でもできる？　そんなわけなくない？」

「なぜ？」

「だって、転職活動は企業から内定をもらわないといけないだろ？　僕は、企業が欲しがる『市場価値』と呼べるようなものを何も持っていないんだよ。そりゃ、明確な強みのある人はいいけど、僕みたいな弱者には転職は……」

「できないと思うかい？」

「……うん」

「大丈夫。**転職に、強みや市場価値は必ずしも必要ない**」

「え？」

「もちろん、市場価値の高い方が転職は比較的有利だよ。語学スキルや難関資格、あるいは管理職経験とかね。じゃあ、それらを何も持っていない人に転職はできないのか？　というと、実はそうでもない」

「本当？」

「そうさ。言っただろ？　大事なのは企業選びだ。そこさえ間違えなければ、現実的にすべての人に転職は可能なんだ」

「強みがなくても？」

「しつこいなぁ。田中君は」

「転職デビルはＡＩのくせに、いちいちうるさいな」

「そもそもさ、**強みなんて、ほとんどの人は持っていない**んだよ。大手有名企業の勤務経験、海外経験、難関資格や大規模プロジェクトの経験……。そんなものを、みんなが持っていると思うかい？」

「みんなが持ってるわけじゃないとは思うけど……」

「でもさ、最近の調査によれば、日本の会社員の約６割は転職経験があるらしいんだ＊。全体の６割が『強み』なんて持っていると思う？　田中君に限らず、ほとんどの人には明確な強みなんてこれと言って存在しないと思うよ。でも、転職はできる。現実的に、**今の会社を辞めて他の仕事に移ることは可能**なんだ」（＊出典：リクルート「就業者の転職や価値観等に関する実態調査２０２２」）

◉このパートのまとめ

１　転職未経験なのに「自分にはできない」と決めつけてはいけない

転職活動についての知識を得なければ、できるともできないとも判断はできないはず。まずは転職活動の知識を身に付ける姿勢が大事。

2 転職活動のプロセスの中で一番大事なのは「応募企業選び」

ここだけで、転職活動の成功・失敗の9割は決まってしまう。逆に言うと、そこさえ間違えなければ、転職の可能性は誰にでもある。

3 転職をするのに「強み」は必要ない

統計調査によれば、日本の会社員の6割は転職を経験している。現実的に、転職は可能である。転職は優秀な人にしかできないものだと、偏見を持っていてはいけない。

第2節　「強み」がない人の「キャリア生存戦略」

4　「強み」があってもすべての企業で内定は取れない

「でもさ、本当に僕には何の強みもないんだよ？　学歴もショボいし、見栄えのある実績もないし、自分の能力が高いとも思えない。何をやりたいかさえ分からない僕に、転職なんてできるのかな？」

「今のままじゃ、できないかもね」

「ほら、やっぱり」

「でもね、すぐに転職できるようになるよ。強みが何もない人には、ない人なりの戦い方があるんだ」

「戦い方？」

「そう。それに、強みがあるか・ないかの境目なんて意外と曖昧なものだよ？　**今の時代、**

何かしらの強みを持っていたとしても、あっという間に陳腐化してしまう。ＩＴのプログラミングスキルなどが良い例だ。ちょっと前までは、プログラミングがサラリーマンの必修科目みたいに重要視されていたけど、ここ数年の生成ＡＩ普及の流れで完全に風向きが変わったよね。自分でコードを書けなくても、ＡＩで代替できる部分が相当増えた。今後も確実に増える」

「たしかに……」

「もちろん、プログラミングのスキルがまったくいらなくなったわけではないし、引き続き重要になる分野もあるとは思うよ。でも、人材としての『強み』という観点だと、以前ほど大きな価値のあるものではなくなったよね。他に、ライターやイラストレーター、デザイナーのスキルなんかもそう。せっかく強みを持っていても、『これＡＩでもできるじゃん』っていう世界になってしまったら、それはもう強みじゃなくなる」

「そうだね……」

「つまり、この社会は、強みを『持っている人』と『持っていない人』にキッチリ分かれているわけじゃないんだ。あらゆる人が持っている強みは、3年後も強みと呼べるかは分からない。そう考えると、強みがあるか・ないかなんて実はたいした話ではないんだ」

「でも、現実として、企業にとって『価値のある人材』と『あまり価値のない人材』はいるよね？」

「その〝**企業にとって**〟というのがポイントだよ、田中君」

「どういうこと？」

「**転職に必要なのは『市場価値』ではなく、『企業にとっての価値』**なんだ。そして、どんな人材が高く評価されるかは、個々の職場によって全然違う。企業Ａが欲しいと思う人材が、企業Ｂにとっても同様に欲しい人材だとは限らない。もしかしたら、まったく逆の評価をするかもしれない」

「強みがあると思われるかどうかは、応募する会社次第ってこと？」

「その通り。**真に重要なのは、強みを持っているかどうかじゃない。自分が持っているものを強みだと考えてくれる職場を探して応募すること**なんだ」

「……？」

「そもそもさ、どんな強みを持った人材であっても、すべての業界・すべての職種で強いわけじゃないだろ？　世の中のすべての企業の面接で確実に内定をもらえる人なんて、いるわけない」

「それは、そうだろうけど」

「つまりさ、**どんなに大きな強みを持っている人でも、自分の土俵の外では結局弱いんだよ**」

「だから、転職活動の9割は企業選びで決まるってことなんだね」

「その通り」

「でも、何度も言うけどさ、僕は何一つ持っていないんだ。自分の土俵なんて存在しないんだ。何もなかったら、さすがにどの企業も評価はしないんじゃないかな？」

「さっきから、田中君は発想がネガティブだなぁ。ああ、嫌だ嫌だ。辛気臭いわぁ」

「仕方ないだろ。本当の話なんだから。僕には無理なんだよ、きっと」

「何一つ持っていない人なんていないよ。無職じゃない限り、何らかの職歴はあるだろ？それで十分だよ。あとは『売り方』の問題だ」

「売り方？」

「そう。**転職活動の自己PRっていうのはね、『何を』売るかより、『誰に』『どうやって』売るかの方が大事**なんだ。無職じゃないなら、とりあえず何かしらの経験はあるはず。とりあえず、過去数年ずっと仕事はしてきただろ？　あとは、その経験を誰のところに持っていって、どういう言葉で売り込むか次第なんだ」

「僕には、よく分からないよ」

「大丈夫。田中君には、この転職デビルが付いているから」

不安だな……。そう思ったけれど、口には出さなかった。

5 「強み」は転職活動の初期段階までしか使えない

「田中君は、『自分には強みがない』『市場価値がない』って繰り返してるけどさ、そんなの企業側の評価基準のせいぜい５％程度のものだよ」

「え？　そんなに小さいの？」

「さっき、転職活動の全体の流れを説明しただろ？　**『強み』が使えるのは書類選考まで**の話なんだよね」

「書類選考まで？　一次面接以降は、強みの有無は関係ないってこと？」

「ないね」

「ウソだぁ、そんなわけないよ」

「ウソじゃないよ。田中君は面接官の仕事なんてしたことないと思うけどさ、ちょっと考えてごらんよ。ある時、面接に来た人が、めちゃくちゃ失礼な態度で、椅子にふんぞり返って脚を組んで面接を受けていてすんごい不快で、髪もボサボサで不潔で、口も臭かったら、どう？」

「どう、って……」

「この人は有名企業出身で、事業開発プロジェクトのリーダーを務めた経験があって、英語もできるから、よし採用しよう！　ってなる？」

「ならない……かな」

「だよね？　いくら強みがあったってさ、面接の印象が悪かったら何の意味もないんだよ。逆に、こういうパターンはどう？　ある採用面接の候補者が、聞いたこともない学校しか出てなくて、よく分からない中小企業の勤務経験しかない。でも、面接で話を聞いてみたらめちゃくちゃコミュニケーション能力が高くて、しっかりした受け答えができて、明るくて気遣いができて、周りを笑顔にする素敵な人だった。この場合でも、『この人は学歴と経歴が弱いからなぁ』って不採用にする？」

「たぶん、しない。僕だったら、採用を決めると思う」

「そうだろ？　一次面接に呼ばれた時点で、もう学歴やら資格やらは、ほとんど関係がないんだ。**面接で見られるのは『この人と一緒に仕事がしたいかどうか』『この人が入社後に活躍できるイメージを持てるかどうか』**、それだけだ。過去の経歴の立派さとか関係なしに、**面接の場での振る舞いがほぼすべて**なんだよ」

「なるほど……」

「たしかにさ、書類選考の時点では、資格や経歴、何かの強みがある人の方が有利だよ。どんなに採用経験のある人でも、たかだか数枚の紙きれだけで候補者がどんな人かは分からない。かといって、応募してきた人全員を面接に呼んでいるほど暇ではない。だから、とりあえず経歴で足切りをすることは多いのさ。

でも、**一次面接以降はゲームのルールがガラッと変わる**んだ。面接に呼ばれたら、もうその時点で経歴的には最低限の採用基準をクリアしているってこと。書類選考を通過した時点で、強みがある人も、ない人も、ほぼ同列なんだよ」

6 「できる人かどうか」より「できる人っぽさ」

「何となく言いたいことは分かるけどさ、書類選考を通らなければ何も始まらないだろ？　その書類選考が『強み』重視だったら、結局は、僕みたいな経歴の弱い人間には厳しいんじゃない？」

「出たよ、ネガティブ田中」

「その呼び方はやめろ」

「さっき言っただろ？　ほんの数枚の紙きれだけで人間の評価はできないって。職務経歴書を読んだだけでは、その人のことは分からない。つまり、**書類選考において重要なのは『優秀な人かどうか』ではなく『優秀そうに見えるかどうか』**なんだ」

「どういうこと？　全然分からないよ。書類を見ただけで『優秀そう』と思われるためには、見栄えの良い資格や経歴が必要なんじゃない？　例えば、僕みたいなFランク大学卒で、何の実績もない人が、『優秀そうに見える』なんてあり得ないよ」

「そんなことはない。もちろん、卒業した学校名や在籍企業名を書くだけで、一発で書類選考を通過できる人もいる。いわゆるハイスペック人材だね。それができるんなら、それに越したことはないさ。

　でも、何度も言っている通り、みんながみんな立派な経歴や強みを持っているわけじゃないだろ？　企業側にしたって、毎回高学歴エリートばかりが応募してくるわけじゃないから、うわべのスペックだけ見てバサバサ落としていったら、いつまでも採用活動は進まないよ」

「まあ、たしかに、応募してきた人がみんな似たような大学卒で、よく知らない企業の出身だったら、スペックだけでは優劣をつけられないのかもね……」

「企業の人事や面接官もアホじゃないからさ、高学歴イコール仕事ができるわけじゃないことももちゃんと知ってるよ。そんな上っ面だけの評価はさすがにしない。高学歴なら100％通過するわけでもないし、Ｆランク大学や専門卒なら100％落ちるってわけでもない。

　その人が優秀だと判断されるかどうかは、学歴や企業ブランドだけで決まるわけじゃないんだ。**企業が欲しがる個別の要素を持っているか否か**。それがすべてだよ」

「さっきの、『市場価値』よりも『企業が求める価値』って話？」

「そうそう。同じ話につながるんだ。だから、**その企業が採用したい人物像に、自分自身**

を寄せていけばいいんだよ。応募書類の書き方の工夫でね」

「そんなこと、できるの？」

「大事なのは、**言い換え**と**言語化**のスキルだ」

「言い換えと、言語化？」

「転職活動では、自分が持っているものを『誰に』『どうやって』売るかが重要なんだ。このうち『誰に』は企業選びの問題。『どうやって』は主に言語化の問題だ。**過去の仕事の経験を説明するときに、どういう角度から捉えて、どんな言葉を使って表現するか。それ次第で、相手に与える印象はガラッと変わる。書類選考や面接での評価もガラッと変わる**」

「本当に？　僕みたいな弱い経歴でも、言葉選びの工夫次第で評価されるかもってこと？」

なんだか信じられないな」

「田中君には、この転職デビルが付いている。大丈夫さ」

僕は、また少し不安になった。でも、口には出さなかった。

◉このパートのまとめ

4　転職に必要なのは「市場価値」ではなく「企業にとっての価値」

そんなに立派な経歴や強みがなくても、自分が持っているものを強みだと思ってくれる会社を探して応募すればいい。

転職活動の自己ＰＲでは、「何を」売るかより「誰に」「どうやって」売るかの方が大事。

5　「強み」や武器が結果に響くのは転職活動の初期段階＝書類選考までの間だけ

面接に呼ばれたら、それ以降は経歴だけで結果が決まるわけではない。

6　書類選考において重要なのは「優秀な人かどうか」ではなく「優秀そうに見えるかどうか」

過去の仕事の経験をどういう言葉で言語化するか次第で、相手に与える印象はガラッと変わる。

第3節　転職は早い方が良いか、3年は我慢すべきか

7　新卒3年以内の転職は減点要素

「何か、他に質問はあるかい？」

「転職するなら、やっぱり早い方がいいのかな？　僕はもう、今の仕事は嫌になっちゃって一刻も早く辞めたいんだけど、良い転職先が見つからないなら数年は粘った方がいいのかも……とも思って、悶々としているんだ」

「一般的に言えば、**転職のタイミングは早すぎない方がいいね**」

「早すぎるって？」

「具体的に言うと、**新卒入社から3年はなるべく辞めない方がいい**」

「なんで？」

「例えば、新卒入社1年目で辞めるとするでしょ。全然見つからないよ、次の仕事。実際

に探してみれば分かるけど。どこに行っても〝仕事が続かない人〟認定されて、企業から完全に避けられる。田中君が気にしてる『強み』がない以前に、『弱み』がありすぎて絶望的なんだ」

「何となく、それくらいは僕でも分かるよ。強みとか何とか以前に、短期離職の経歴が大きな減点要素になっちゃうって話だよね」

「そうそう。その会社で何があったにせよ、**入社1年目で仕事を辞める人は評価されづらいってこと。**もちろん、世の中にはいろんな会社があるからさ、とんでもないブラック企業に入っちゃって辞めるしかないって人も現実的にいると思うよ。でもさ、その会社がどのくらいブラックかは外からは分からないからね。

企業の面接官からすると、その会社がヤバいのか、辞めた人がヤバいのかは判断がつかない。だから、とりあえずそういう人は雇わない方が無難っていう結論になる。仕方がないよね」

「でも、いったいなんで3年なの？『石の上にも三年』ってこと？」

「違う。私は転職デビル。悪魔だぞ？『石の上にも三年』なんて、そんなくだらない老害みたいな話を信じてると思うかい？そうじゃなくて、もっと現実的な話さ」

「現実的な話？」

「基本的に、中途採用の求人はすべて『業界経験年数3年以上』『類似職種の経験5年以上』みたいな**応募条件**がある。そして、そのほとんどは**最低でも3年単位**なんだ。『経験年数1年以上』って求人はあんまり見ない。さすがに、1年じゃ経験者とは呼べないしね」

「だから、3年ってこと？」

「ただね、この話には裏があって……」

「なんだよ、怖いな」

8 「入社3年経過」に価値があるわけではない

「新卒入社から3年間我慢すれば転職の道が拓けるのかというと、そんなこともないんだ」

「えー！ さっきは、『新卒入社から3年経てばいい』って言ってなかった？」

「違うよ。田中君は適当だなぁ。『新卒入社から3年間は転職しない方が良い』って言っただけ。別に、**3年経ったら即OKってわけじゃないよ**」

「どういうこと？」

「つまりさ、新卒入社から3年以内の転職っていうのは、短期離職のマイナスが大きすぎてまともに雇ってもらえないから不利だよねっていう『減点要素の話』なんだ。新卒4年目になったら、その減点が一応なくなるってだけで、別に加点されるわけじゃない」

「なるほど。減点なしでゼロになるだけで、別にプラスじゃないってこと？」

「そう、そんな感じ。もちろん、新卒4年目でも5年目でも減点する会社はあるよ。どの程度の減点をするかは、その会社次第。それに、さっきも言った通り、中途採用の募集条件は『〇〇経験年数3年以上』みたいな条件が付きものだから、それを満たさないなら4年目でも5年目でもあまり関係はない」

「新卒何年目っていう年次自体が意味を持つわけじゃないんだね」

「その通り。たまに、『頑張って4年目まで耐えよう』みたいなマインドの人がいるんだけど、完全に間違ってるね。別に、年度をまたげば何かが変わるわけじゃないんだ。要するに**実務経験年数**が企業の応募条件に合致していなければ、何年目だろうと評価は低いままだよ。仮に3年我慢しても、それだけだとあまり意味はない」

「じゃあ、会社に3年いたとしても、ジョブローテーションで毎年コロコロ仕事内容が変わっていたら、個々の職種経験年数は3年未満だからダメ？」

「そう。それじゃダメ」

「うーん……。僕は今、入社4年目だけど、1年目の途中までは新入社員研修と工場実習があって、今の営業の経験は3年未満だから、もうちょっと粘って頑張った方がいいってこと？」

「理想を言えば、そうなるね」

「はぁぁぁぁぁぁぁぁぁ。そうなのか……。僕はこれ以上、耐えられる気がしないよ」

9　「第二新卒」の罠

「でもさ、第二新卒の採用枠も、よく見るよね？　20代の若いうちに、第二新卒カードを使った方がいいってこともない？」

「田中君、それ、ダマされてるよ」

「え？　なんで!?」

「**第二新卒なんてのは、人材業界が作り出したマーケティングのマジックワードに過ぎないんだよ。**例えるなら、バレンタインデーにチョコを贈る習慣が、チョコレート会社がでっち上げた販促キャンペーンなのと同じ」

「第二新卒が、バレンタインのチョコ？」

「とにかく何でもいいから『バレンタインデーには大切な人にチョコレートを贈らなければならない』って既成事実を作っちゃえばさ、毎年2月にチョコレート菓子が大量に売れるだろ？　それと同じで、実体のない『第二新卒』なる概念を勝手に生み出してしまえば、『新卒の就活では失敗したけど、第二新卒でリベンジしよう』みたいな、アホな若者を引っかけることができるからね」

「なんだかひどい言い方だなぁ」

「本当のことだから仕方ないだろ。そもそもの話、**新卒入社で応募できる企業と、第二新卒枠で応募できる企業は、量も質も全然違う。**まるで新卒のチャンスがもう一度あるみたいな幻想を抱かせるのは、極めて悪質なビジネスのやり方だと思うな」

「転職デビル、悪魔なのにそういう感情があるんだね」

「当たり前だろ？　私は悪魔である以前に、人材系企業勤務なんだぞ？」

「勤務って……　いや、まあそうかもしれないけど」

たまに、よく分からなくなる。いったい、僕は、誰と会話をしているのか。スマホ画面の中で喋り続けるこのＡＩアバターは、悪魔と言うよりは「クマのゆるキャラ」だ。

「とにかくさ、**第二新卒カードなんて最初から存在しない**んだよ。新卒入社のチャンスは一度きり。一度就職したら、もう使えないよ。それは、都合よく『第二新卒枠です』って言って若い人を集めたいだけ」

「**ポテンシャル採用**や、**学歴経験不問**っていって募集してる仕事も？」

「全部が全部ダメだとは言わないけど、高確率で地雷だね」

「地雷って、どういう意味？」

「言っただろ？　中途採用の募集は基本的に『関連する実務経験3年』などの条件があるって。ポテンシャル採用とか言うけどさ、実際、意味分かんねーじゃん。『ポテンシャル採用』って何だよ？　要するにそれ、経験者を募集しても誰も来てくれないだけなんだよね。給料が低かったり、ブラック過ぎてみんなすぐ辞めちゃったりして」

「えぇ……」

「『**未経験者歓迎！**』って要するに、『**経験者はすでに全員辞めました**』って意味だからね」

「怖……」

「そういうもんだと思っておいた方がいいよ。ごく稀に良い職場もあるとは思うけど、ごく稀だね。例えば、100％経験者じゃなくても部分的に経験があればいい、という条件なら理解できる。『同一職種の経験者であれば、業界未経験でも歓迎』とかね。でも、丸っきり未経験で完全にスキルゼロの人をわざわざ歓迎するのは、さすがに何かウラがあると思っておくべきだよ」

僕は、ますます転職が怖くなってきていた。転職デビルは、妙にとぼけた顔をしているが、たしかに悪魔のような内容をズバズバと毒舌で言う、不思議なクマだった。

◉このパートのまとめ

7　新卒入社から3年はなるべく辞めない方がいい

短期離職は致命的な減点になるため、「強みがない」以前にマイナス評価を招いてしまう。入社後の数年は、とりあえず様子を見るべき。

8　中途採用の求人には「業界経験年数3年以上」「類似職種の経験5年以上」などの応募条件がある

この条件を満たせるかどうかが重要であり、入社何年目かは厳密にはあまり関係がない。

9 「第二新卒」「未経験者歓迎」「ポテンシャル採用」を謳う求人は、地雷が多い

新卒カードは一度きり。二度目はない。未経験者歓迎の会社は、そういう条件じゃないと人材採用ができないヤバイ職場の可能性があるので注意。

第4節　結局「この人、やってくれそうだな」がすべてを決める

10　転職活動の成否を分けるもの

「だんだん分かってきた気がする。転職活動は、入社何年目だとか、どこの企業に勤めているとか、そういう表面的な情報だけで勝敗が決まるわけじゃないってことだね」

「そうだよ。まずはそれを理解するのが大事なんだ。そうじゃないと、すぐ『自分には強みがない』『学歴も経歴も弱い自分はダメだ』みたいな極端な発想になっちゃうから」

「僕のことか……」

「転職が不安だとか、自分に自信がないのは、メンタルや性格の問題じゃないと思うんだ。それは、ただ単に**転職活動における上手な戦い方を知らないだけ**だよ」

「知らないいだけ？」

「知識がないから、怖くなるんだ。未知のブラックボックスだから、無意識に恐れてしま

うんだ。転職活動なんて、裏側が分かってしまえば別にどうってことはないし、攻略法さえ知っていれば楽勝だよ」

「そうなのかな。僕にはまだ自信が持てないけど」

「今はそれでもいいよ。私も若い頃はそうだった」

「若い頃？　ＡＩなのに？」

「細かいことは気にするな」

「？・？・？」

人工知能にも、細かいキャラクター設定があるのだろうか？　僕にはＡＩのことはよく分からないが、このスマホアプリは良くできている。まるで人間と話しているかのようだ。

「田中君。転職活動の結果は、スペックや強みの有無だけで決まるわけじゃない。武器を持っていない人にも十分に勝ち目はある。でも、だとしたら、いったい何が勝敗を分けると思う？」

「うーん、何だろう？　僕は今まで、ビジネスの世界では明確な『強み』のある優秀な人が勝つと思っていたんだ。もし、最終的な勝敗を分ける要素が『強み』ではないのだとしたら……。うーん、『面接での好印象』とか？」

「悪くない。その答えは悪くないね」

「偉そうだなぁ、もう」

「悪魔だからね。謙虚さなんて私にはないよ」

「謙虚な態度って、大事だと思うけどな。ビジネスでも、転職活動でも」

「本当にそうかい？」

　スマホ画面の奥に映る転職デビルは、少しだけ、態度を変えた。

11　謙虚な態度は減点要素

「謙虚さは大事だ。それ自体は、私も否定はしない。傲慢な態度の人よりは、謙虚な人の方が周囲から好かれるだろうよ。でも……」

「でも？」

「それがすべてじゃないってことさ。正しいことは、常に正しいわけじゃない。どんなに正しいことでも、１００％全方向から正しいわけじゃない」

「何言ってんの？　転職デビルは悪魔だから分からないかもしれないけど、謙虚な態度でいるのはいつだって大事なことだろ？」

「いや、〝いつだって〟は余計だ。せいぜい〝たいていの場面では〟だろう」

「傲慢な態度の方が良いケースもあるってこと？　全然想像がつかないんだけど」

「傲慢になれとは言わないよ。でも、**謙虚すぎるのも問題**だって話さ。特に、日本人は本当に謙虚だ。あまりにも謙虚すぎる。自己主張をしないし、褒められても謙遜するのが美徳だと思っている」

「日本人は」と言うけれど、転職デビルはいったい、何人なんだろう（というか「何熊？」か）。そんな、どうでもいいことを考えながら、僕は転職デビルとの会話を続ける。

「うーん、でも、小さい頃からそう教えられて育ったからなぁ。沈黙は金、雄弁は銀って言うでしょ？　自己主張が強すぎると、嫌われると思うんだよね」

「それは、ケースバイケースだろ？　例えばさ、中途採用面接を受けに来た人が、なんだか自己主張が弱くて、『いやいや、私は別にたいした仕事の経験はなくて、本当に周りの環境に恵まれただけで、全部周りの人たちと会社のブランドのおかげで……お恥ずかしい……アハハ……』なんて言ってたら、その人を雇いたいと思う？」

「思わない。たぶん、不合格」

「そうだろ？　日本人は、とにかくプレゼンや自己ＰＲが下手くそなヤツが多い。人前で自己主張をするのに慣れていないんだ。『目立つ』のが悪とされる文化だから。でも、**就職活動や転職活動で内定を勝ち取りたいなら、他人より目立つしかない**だろ？」

「そうかも」

「礼儀正しさや丁寧な言葉遣いは大切だよ。でも、『沈黙は金、雄弁は銀』は、転職活動には当てはまらないね。何もしゃべらないで黙ってるヤツが、内定をもらえるわけがないんだから」

12　「未来の価値」を売り込む

「謙虚でいると損をする。でも、傲慢でもいけない。じゃあ、どうすればいいって言うんだい？」

「いいかい、田中君。謙虚な態度と消極的な態度はまったくの別物だ。それを混同して勘違いしている人は多い。ただ自分を下げればいいって話じゃないんだ。それを美徳だと思ってはいけない。弱さは美しさではない」

「なんだか哲学的なことを言ってるけど、具体的にどうすればいいんだよ？」

「俺様はすごいんだぞって自慢する必要はない。でも、**私は御社の役に立つ人材です、という アピールは転職活動において必須**だ。それだけが、企業側が君を採用すべき理由になるからだ」

「役に立つ人材だって？　でも、僕は自分のことを有能だとか、優秀だとか思ったことはないんだよね。実際、会社でもミスばかりしているし、成績は真ん中より下の方だし」

「優秀かどうかじゃない、大事なのは、**優秀そうに見えるかどうか**だ。そう見えるだけでいいんだよ」

「そう見えるって……。自分は優秀だってウソをつくってこと？　そんなのすぐにバレる気がするけど」

「いいや、そうじゃない。現時点で自分が優秀かどうか、評価されているかどうかなんて、どうでもいいんだよ。それはあくまで、今の会社での話なんだから。

　そうじゃなくて、**『転職後に次の職場で自分はきっと活躍できる』という未来の価値を売り込む**んだ。現在ではなく、未来の自分の価値を」

「未来の自分の価値？」

「言ってしまえば、『**期待値**』だ。現時点で誰がどう見ても優秀という強力な強みがないなら、今日の自分ではなく、未来の自分を売るしかないんだ。御社に入社した後の自分は、こんな風に、こういう貢献ができるんだと」

「それ、なんだかハッタリみたいに聞こえるけどなぁ。本当にそれでうまくいくのかなぁ」

「うまくいくさ。私が保証する。**大事なのは見せ方**だ。本当の自分の姿じゃない。相手に対して自分をどう見せるかだ。**この世の中において、「強い人」と「強くあろうとする人」の境目なんてない**んだから」

「？・？・？」

「田中君にも、きっと分かるよ」

そう言って、転職デビルは微笑んだ。悪魔と呼ぶには、妙に優しい表情だった。

◉このパートのまとめ

10　転職活動の結果はスペックや強みの有無だけで決まるわけではない

自分に自信が持てないのは、メンタルや性格の問題ではなく、ただ単に転職活動における上手な戦い方を知らないだけ。

11「沈黙は金、雄弁は銀」は転職活動には当てはまらない

ビジネスのコミュニケーションにおいて謙虚な態度は重要だが、転職活動の面接などにおいては、強気で自己主張をしないといけない場面も当然ある。

12 現時点での自分の姿ではなく未来の自分の「期待値」を売り込む

私は御社の役に立つ人材です、というアピールは、転職活動において必須。それだけが、企業側が採用を決定する理由になる。

第2章 「強み」がない人の企業選び

第1節　転職の9割は企業選びで決まる

13　転職エージェントと直接応募はどっちが良い？

「転職デビルは、転職活動の9割は企業選びで決まるって言ってたよね？」

「うん、そうだよ」

「その、企業選びのことをもっと教えてよ」

「そうだね、じゃあ、田中君に合わせた説明をしようか」

「僕に合わせた説明？」

「転職活動で応募企業を見つける方法って、転職エージェント経由とか、ヘッドハンティングとか、リファラル（友人知人の紹介）とかいろいろあるけど、田中君みたいな強みが何もない人が取れる選択肢は、基本的に一つだけだ」

「えーーー、一つしかないの？」

「いいんだよ、一つあれば十分なんだから」

「何？　その一つって」

「**転職エージェントを使う。これ一択だね**」

「それ、自分が転職アプリの中の人だからそう言ってるんじゃないの？　さっきも、人材系企業勤務だとか何とか言ってたし」

「違うよ。転職エージェント経由が一番良いから、それを勧めてるんだ」

「でも、ＳＮＳの噂で、直接応募の方が通過率が高いっていうのを見たことあるけど」

「そういうの、信じちゃダメだよ。田中君って、悪い人にすぐダマされそうだよね」

「お前も悪魔だろ……」

「直接応募が絶対にダメってわけじゃないけど、**そもそも直接応募が可能な求人は全体の中でかなり少ない**んだ。単純に、直接応募しか見てない人は、選択肢がめちゃくちゃ狭まる」

「転職エージェントしか、求人情報を持ってないってこと？」

「そう。いわゆる**非公開求人**。この保有求人の『量』と『質』が、転職エージェントが持つ価値の一つだ」

「いやぁ、でもさ……、転職エージェントってなんだか怪しいじゃん。わざわざ第三者を挟むより、直接企業とやり取りした方が手っ取り早い気もするんだけど」

「もちろん、そういう側面もあるよ。でも、それは、ある程度の転職上級者になってからでいい」

「転職上級者？」

「自分一人で、入社できそうな見込みのある会社を見極めたり、どういう自己PRをすれば内定が出そうかを完璧に考えられる人なら、直接応募でもまったく構わないよ。運よく入社したい会社が採用ページで情報を公開していれば、の話だけどね」

「入社できそうな会社を見極める、って言ってもな……そんな会社、あるのかな？　僕の経歴で」

「そう思っちゃう田中君は、やっぱり転職エージェントを使った方が良いと思うな」

14　転職エージェントはどうやって選ぶ？

「でもさぁ、転職エージェントって、めちゃくちゃたくさんあるだろ？」

「うん。厚生労働省調べで約３万社＊。実は、日本国内のセブン-イレブンの店舗数よりずっと多い」（＊出典「民営職業紹介事業所数の推移」）

「げぇ！　そんなに？　なんでそんなに多いんだよ！」

「簡単に言うと、儲かるから。そして、参入障壁が低いから」

「参入障壁が低いって、資格とかは要るだろ？」

「一応、人材紹介業者の登録条件はあるんだけどね。かなりユルいんだよ。誰でも短期間に始められる仕事で、初期投資もそれほど必要ない。それに、転職希望者の数は年々増えているし、企業の中途採用枠も増えてきているから、市場全体がかなり順調に伸びているんだ」

「へー」

「転職エージェントはさ、田中君を企業に紹介して、無事に入社してくれれば、田中君の年収のだいたい30％くらいを報酬としてもらえるんだ」

「僕の年収は３５０万円くらいしかないけど……、それでも僕一人の入社が決まるだけで１００万円以上の報酬になるってこと？」

「単純計算すれば、そうなる。人材紹介は儲かるって言った意味が分かるだろ？」

「僕も、転職エージェントになろうかな」

「バカなこと言うんじゃないよ、まったく。そうやって楽にお金を稼げると思って転職エージェントを目指す人が多いから、有象無象が増え続けて、今やコンビニの数より多くなっちゃったんじゃないか」

「つまり、変な人がいっぱいいるってこと？」

「うん。っていうか、**転職エージェントの95％くらいはダメ**」

「え？　ほぼ全部じゃん！」

「まともなエージェントは、たぶん20人に1人もいないよ」

「悪魔みたいな話だな、ほんとに」

「そういうヤバい世界なんだよ」

「でもさ、3万社だっけ？　そんなにたくさんあって、しかも、そのうち95％はヤバいんだったら、もう転職エージェント使わない方が良いって話になんない？」

「なんないよ。転職エージェントも玉石混交で付き合いづらいけどさ、それ以前に、**非公開求人にアクセスできない状態で転職活動を進める方がよっぽど無理ゲー**なんだから」

「じゃあ、どうすればいいんだよ？」

15　転職エージェントは複数登録が基本

「田中君の場合は、そうだな……。**とりあえず大手のエージェントに1社登録して様子を見つつ、小規模で20代の若手メインで見てるようなエージェント、もう1社か2社に頼るのが良いかもね**」

「同時に何社も登録するってこと？」

「そりゃそうだよ。現実的に、転職エージェント1社しか登録しないって、あり得ないよ。特に、初めての転職活動では絶対にあり得ない。**エージェントは複数登録が基本**」

「そうなんだ……。そんなこと誰も教えてくれないのに」

「日本社会では、いまだに転職がタブー視されているからね。転職活動の話って上司や先輩にはできないし、両親が情報を持っているわけでもないから、かなりのブラックボックスだよね」

そう言って、転職デビルは少し寂しそうな顔をした。

「大手1社っていうのは？」

「リクルートとか、doda（デューダ）、パソナみたいな大手に、まず1社は登録しておくといいよ。単純に、保有求人の総数が多いから選択肢が増える。ただ、経歴が弱い人だと門前払いされることも割とあるから、大手1本だけには絞らない方がいいけどね」

ゾッと背筋が凍り付いた。「あなたの経歴では、ちょっと転職は厳しいですね」と言われるのが怖くて、僕は今、スマホアプリのＡＩと会話をしている。自分が弱者であるという事実を、あらためて突きつけられている気がした。

「そういう大手に加えて、もう1社か2社くらいは、小規模で田中君みたいな20代の転職支援に力を入れているところに登録するといいよ」

「それ、どうやって探すの？」

「転職アプリやポータルサイトに登録して、そのプラットフォーム上でＤＭでスカウトしてきたエージェントと話を進めるのが一般的かな。黙ってても毎日のようにメールが飛んでくるから。そのとき、やり取りしていてあんまりピンと来なかったら断っちゃってもいいし。もちろん、インターネット検索やＳＮＳで自分で探してみてもいいよ」

「そんな適当な感じでいいの？」

「いいの、いいの。どうせエージェントは担当者の当たり外れがあるから、良い対応をしてもらえるかどうかは実際に出会うまで分からない。出会ってから、その担当者個人が信頼できそうな人かどうか都度判断すればいいから」

◉このパートのまとめ

13　転職のルートはいろいろあるが、転職エージェントを利用するのが基本
転職エージェント経由でないとアクセスできない非公開求人が大量にあるため、直接応募だけでは自分に合う求人を探しきれない。

14　転職エージェントを安易に信用してはいけない
参入障壁が低く、金儲け目当ての人も多いため、まともな担当者は20人に１人くらいしかいないと思っておいた方がいい。

15　転職エージェントは複数に同時に登録すべき
できるだけ選択肢を増やすための「大手エージェント」と、自分の状況に合いそうな「20代の転職特化エージェント」など。担当者の当たり外れも激しいので、1社だけに絞るのはリスクが高い。

第2節　転職先はどのように探せばいい？

16　やりたいことが何もない

「転職エージェントに登録した方がいいっていう話は分かったんだけどさ」

「何？　またネガティブ田中？」

「それやめろって……。いや、僕さ、**やりたい仕事が何なのか分からない**んだ。この状態で転職エージェントに登録しても、あんまり意味ない気がして」

「ま、たしかに、フワフワした状態でエージェントの担当者と話をするのは良くないかもね。向こうの都合で、よく分からないブラック企業に押し込まれることもあるから、気を付けた方がいいよ」

「え、怖……」

「言っただろ？　転職エージェントって変な人だらけだから。大前提として、あんまり最初から信用しない方がいいよ。**転職エージェントは、味方でも敵でもない。**取引先みたいなものだと思って、**一定の距離感を保って付き合うべき**なんだ」

「信用できる転職エージェントとか知らないの？　転職デビルは」

「個人的に知らないわけじゃないけど……。転職エージェントとの付き合いって、人それぞれの相性だし、得意分野も個々のエージェントで違うから、一概に『信用できるエージェント』なんて言い方はできないかな。どんなエージェントが理想的かは、一人ひとりの状況によって違うんだ」

「なんか難しいなぁ」

「Aさんにとって素晴らしいエージェントが、Bさんにとっても同じように最適な相手とは限らない。むしろ、全然違う可能性もある。そういうもんなんだよ。同じ会社でも担当者によって全然対応は違うし、結局は一期一会みたいなもの。良いエージェントって、そんなにピンポイントでうまく狙って出会えるもんじゃないんだ」

「分かったよ。それは分かったけど……、肝心の『やりたいことがない』問題は、どうしたらいいと思う？」

「どうもしなくていいよ」

「え？」

「やりたいことなんて、ないだろ？　普通」

「え？？」

僕はその答えに、唖然とした。

やりたいことがないのって、ダメじゃないの？

やりたいこともないのに、どうやって仕事を探すの？

頭の中に、クエスチョンマークが大量発生した。

「何をアホな顔してんだよ、田中君」

「転職デビルだって、とぼけた顔をしてるじゃないか」

「なんだと？　このイケメンに向かって」

「イケメンって……クマの顔は僕にはよく分からないよ」

「まあ、いいだろう。私の周囲に漂うイケメンオーラが見えないとは、不幸な人間だな、田中君は」

「やりたいことがなくてもいいって、どういうこと？」

僕は、転職デビルの顔面の話を強制終了させた。

「やれやれだぜ……。いいかい、田中君。どうせ君は、やりたいことがなきゃいけないと思ってるんだろ？」

「え？　そうじゃないの？　みんな、やりたいことがあるから仕事を頑張れるんじゃないの？」

17　仕事は「やりたいこと」をするためにあるわけじゃない

「やれやれだぜ……」

さっきのイケメンのくだり辺りから、転職デビルは変にカッコつけ始めている。うざい。絶妙にうざいぞ。何なんだ？　ＡＩのくせに。

「田中君、それは間違ってはいない。けど、理想論だ」

「理想論？」

「そりゃ、やりたいことを仕事にできたら良いとは思うよ。誰だってそうさ。でも、現実はそうじゃない。みんな、毎日やりたくもないのに仕事をしている」

「え、急に怖いことを言うんだな」

「仕事をしたい、仕事が大好きだなんて心から思っている人が、世の中にどのくらいいると思う？　もちろんゼロではないけど、ほとんどの人はそうじゃないよ。それが現実だ」

「じゃあ、僕たちは一生、やりたくないことを続けなきゃいけないってこと？」

「人によっては、そうだね」

「それじゃ、夢も希望もないじゃないか……」

「そんなことはないよ。別にそんな卑屈な話じゃない。その『**やりたいことをするのが仕事』っていう考えから抜け出せばいい**だけだ」

「何それ？　仕事はつまらないことを我慢してやっているからお金がもらえる、的な？」

「いや、そうじゃない。それも違う」

僕の頭の中のクエスチョンマークは限界突破している。本当に何を言っているのか全然分からない。

「例えばさ、いくら仕事が好きだって言っても、もし給料がゼロだったら、その仕事を続ける人は恐らくいないだろ？」

「給料がゼロだったら？」

「もし本当に、趣味やエンタメと同じように仕事が好きなんだったら、仮に給料ゼロでもやるってことだろ？　でも、そんなことあり得るかな？　現実に」

「給料が出なくてもやるって、それは、もはや社畜というか……」

「そうだろ？　仕事がもう大好きで大好きで仕方なくて、給料が1円も出なくても、休みが週1日もなくても喜んで働き続けたい！　お仕事最高！　みたいな人がいたらさ、それは幸福な人ではなく、単なる社畜だろ？　会社に洗脳されてるみたいで、気持ち悪いよ」

「そこまで言わなくても……」

「やりたいことイコール仕事って、そういう話だろ？　でも、そんなのあり得ないよ。例えば私は、ビーチリゾートで海を眺めながらビールを飲んでグダグダ漫画を読んでいればそれだけでお金がもらえる仕事があったら、それを是非やりたい。でも、そんな仕事はこの世に存在しないだろ？」

「ないだろうね」

転職デビルってお酒飲むんだ、漫画好きなんだ……と心の中で思いながら、僕は答えた。

「だからさ、ビーチリゾートでビールを飲んで漫画を読むために、仕事をしてお金を稼ぐんだよ。**『やりたいこと』を実現するために毎日仕事をするけれど、仕事自体が『やりたいこと』である必要は必ずしもない**」

「でも、そうだとしたら、仕事はどうやって選べばいいの？」

「なかなか核心に迫ってきたじゃないか」

18　「やりたいこと」よりも「やれること」

「いいかい？　これは結構大事な話なんだ。**『好きなことで食べていく』みたいなインフルエンサーの魅惑的な言葉に乗せられちゃあいけない**。当のインフルエンサーたちだって、日々好きなことばかりやってるわけじゃなくて、ウラでは実はいろいろと努力してるし、本心ではやりたくないことも我慢してやってると思うよ。見てる側からはキラキラした部分がやたら目立つだけで」

「そうなのかな」

「そうさ」

　僕がこのＡＩアプリを使い始めたきっかけである、おもしろ動画系ＹｏｕＴｕｂｅｒのゴンザレス梅沢も、もしかしたら、裏では人知れず努力や葛藤を重ねているのだろうか？

「仕事選びにおいては、**『やりたいこと』よりも、『やれること』だ**」

「やれること？」

「そう。現実的に自分にできること。お金を稼げること。安定して続けられること。毎日やってても飽きないこと。ストレスが溜まりすぎて嫌にならないこと。それを見つけられただけでも十分に幸せさ。それが、心の底からやりたいことじゃなかったとしても」

「なんだか分かったような、分からないような……」

「田中君の今の仕事は、営業だったね」

「うん……。僕、営業には向いてない気がしてて、今後ずっと営業っていうのはちょっと違うと思うんだよね」

「どう見ても向いてないね」

そう言われてムッとすることも別にないくらい、僕は「自分が営業向きの人材ではない」と自覚していた。

「分かってるよ。僕は営業成績も下から何番目かだし、人事評価もずっとBだ。人前でうまく話せないし、営業を長く続けるのはきっと無理だと思うんだ……」

「その気持ちは大事」

「え？」

「つまり、田中君にとって、営業の仕事は持続可能じゃないんだ。やりたいことでもなければ、やれることでもない。**現実的に長く続けられない仕事は、さすがにどこかのタイミングで見切りをつけて辞めた方がいい**と思うよ」

「でもさ、営業ではないってことは分かっても、じゃあどんな仕事なら向いているんだろう？　どんな仕事なら続けられるんだろう？　それは、どういう風に考えたらいいの？」

「基本は、やってみるしかないと思うよ」

「やってみるって？」

「何をやりたいか、分からないんだろ？」

「うん」

「じゃあ、**とにかくどこかの会社を受けてみて、内定をもらえたところに入社するしかないだろ？　そして、実際に1年くらい試しにやってみたらいいよ。そうしないと、その仕事が自分に向いてるかどうかなんて、本当のところは分からない**んだから」

「そんな感覚で転職していいのかな？」

「いいんだよ。よく、『自分の適職を見つけたい』とかアホなことを言い出す人がいるけど、適職なんてそう簡単に見つかるわけないんだから、見つかった仕事をやってみるしかない

適職だの天職だの、自分探しの旅に出てる場合じゃないんだ」

「アホって……。口が悪いなぁ」

「いやいや、本当のことだろ？　インドで一人旅をしたって自分は見つからないよ。わざわざ探しに行かなくても、自分はちゃんと、ここにいるじゃないか。アホなことやってないで埼玉に帰れよ、まったく」

「埼玉県民に失礼だぞ」

「この際、何県民でもいいんだけどさ、私が言いたいのは、自分にピッタリ合う仕事なんて探し出そうとしちゃいけないってことだ。そんなもん、どうせ見つからないんだから。そうじゃなくて、世の中にポッカリ空いている穴を見つけて、とりあえず入ってみるんだよ」

「空いている穴？」

「そうだよ。その穴が求人票さ。空席で、穴が空いているんだ。その穴を埋めてくれる人を絶賛募集中なんだ。そこにまずは飛び込んでみるんだよ。そうじゃないと、何も始まらないだろ？」

「どこでもいいから、とにかく入社してみるってこと?」

「ちょっと違うかな。転職エージェントに登録して、面談をすると、いくつかの選択肢を提示される。つまり、現時点で君に応募可能な求人票を、エージェントの担当者が持ってくるんだ。その中から、比較的興味を持てそうなもの、これならやれるかもって少しでも思えるものに応募してみるんだ。**自分の今の状況的に入れそうな会社の中から、『この選択肢の中だったら、あえて選ぶならこれかな』って思うところを受けるんだ**」

「そんなやり方でいいのかな?」

「いいんだよ。だって今、田中君にはやりたいことがないんだろ? ないものは、いくら考えても出てこないよ。自分探しの旅に出ても意味がないんだ。それよりも問題は、転職エージェントに対してどういうインプットをするかだ」

◉このパートのまとめ

16 必ずしも「やりたいこと」が明確に決まっていなくても構わない

仕事選びにおいては、「やりたいこと」がある方がスムーズにいくとは限らない。

仕事の向き不向きは実際にやってみないと分からないので、まずは経験してみるのが大事。

17 「仕事＝やりたいこと」という考え方は、一歩間違えると社畜になる

仕事は、自分の理想の生活や人生を手に入れるための手段に過ぎない。仕事自体が心から「やりたいこと」である必要は必ずしもない。

18 仕事選びにおいては「やりたいこと」よりも「やれること」

転職エージェントに登録して、紹介された求人の中から比較的興味を持てそうなもの、少しでも適性がありそうなものに絞って応募して、実際にその仕事に挑戦してみる姿勢が重要。

第3節　業界や職種の絞り方が分からない

19　過去の経験業界もしくは経験職種を活かす

「転職エージェントへのインプット？」

インプットとかアウトプットとか、意識の高い言葉を使うのはやめてほしい。そうでなくても、僕の脳みそのキャパはもういっぱいだ。

「転職エージェントが出してくる求人票の中から比較的自分に合ってそうなものを選ぶって言っても、最初の面談でどんなことをエージェントに伝えるか次第で、出てくる求人の内容は変わるだろ？」

「最初の面談って、どんなことを聞かれるの？」

「そのエージェントの仕事のやり方にもよるけど、だいたいこんなところかな」

◎転職エージェントとの初回面談で聞かれること

・過去の経験職種、経験年数など
・今回の退職の理由
・希望の業界／職種
・希望年収
・その他、希望する条件など

「ふーん」

「ここで大事なのは、**希望の業界／職種や、希望条件をどう伝えるか**だね」

「でもさ、僕は、やりたいこともなければ、自分にやれることが何かも分かっていないんだ。個人的に何に向いているかも分からないのに、希望の業界／職種なんて聞かれても答えられないよ」

「いいんだよ、それで。**自分が何に向いているかなんて、30歳くらいで分かってる人はほとんどいない**よ。仕事の向き不向きってすごく大事だけどさ、外から見た職場のイメージと実際の生の現場って全然違うから、**やる前から向いている・向いていないなんて正確に**

は分からないいんだよ。一定期間やってみたうえで、『この仕事は前やってた仕事よりはいくらか向いているな』『この職場は今まで経験した中では比較的働きやすいな』みたいに実感が湧いて来るもので、それを完全未経験の状態で理解しようとするのは難しいよ」

「じゃあ、どうすればいいの？」

「とりあえず、業界か職種、どっちかはキープした方がいいね」

「どういうこと？」

「田中君は、食品メーカーの営業職だろ？　そんで、営業の仕事は好きじゃないって過去の経験で分かっているから、とりあえず職種をキープするのはナシだ」

「そうだね……。営業はもうモチベーションが上がらないよ」

「なら、食品業界の仕事は？　好き？　嫌い？」

「うーん。まあ、おいしいものを食べるのは好きだから、別に食品業界が嫌ってことはないんだけど、別に、食品業界にこだわる理由も特にないというか……。もっと言うと、製造業にこだわる必要性もないし……」

「じゃあ、食品業界か、それに近い業界で決まりだね」

「え？　なんでだよ？」

「さっき言っただろ？　**『イヤじゃない』ならそれで十分**なんだよ。『おいしいものを食べるのは好き』なら、扱う商材に対して多少の興味は持てるってことだし」

「えー、でもさぁ僕、そんなにグルメってわけじゃないし、食品業界でずっと生きていく理由もないいんだよねー。別にこの仕事をライフワークにしたいってわけじゃ……」

「じゃあ、何の業界ならずっと生きていく理由があるんだい？　旅行業界とか、ファッション業界とか、エンタメ業界は？　どこかに強いこだわりがあるのかい？」

「特にない……」

「もし行きたい業界が明確にあるなら、挑戦してみてもいいとは思うよ。でも、特にやりたいこともない、向いている仕事が分からない、強い希望のある業界もないって話ならさ、**今までに経験した職種か業界、どちらかはそのままキープした方が転職はきっと成功しやすいよ**」

「そうかぁ……」

「そう気を落とすなよ。ほとんどの人はさ、『絶対にこの業界が良い』『この業界に骨を埋めるんだ』と思って仕事はしてないよ。たまたま、その仕事をしてるだけ。それでも、今の田中君みたいに『もうこの仕事は嫌だ』『早く辞めたい』って思うことがなくて、今日も明日も普通に仕事に行けるなら、十分に幸せじゃないか」

「うん、そうかも。今の僕よりはずっとマシかも」

「だからこそ、今の職種、つまり営業職が自分に向いていないとしても、食品業界がイヤってわけじゃないなら、食品業界か、それに近い業界で営業職以外の仕事を探すのが良いと思うよ」

「営業職以外の仕事って？」

「それは、まだ分からない。特に希望職種がないなら、最初から絞らなくてもいいよ。転職エージェントに、食品業界もしくは近しい業界、つまりスーパーマーケットやコンビニ、ドラッグストアで扱う消費財系の業界などで、『営業職以外の職種』で応募できそうなものを探してもらうんだ。業界はある程度絞るけど、職種は絞らずに探すってこと」

「**経験業界を活かすのが大事**なんだね」

「そう。よく『未経験からキャリアチェンジ！』みたいなこと言って、業界も職種も一気にガラッと変えようとする人がいるだろ？　そういうの、基本的にやっちゃダメなんだ。それはたいていの場合、キャリアチェンジじゃなくてキャリアダウンにしかならないから」

「年収が下がるってこと？」

「年収だけじゃない。福利厚生なども含めた総合的な待遇が下がる可能性が高いし、担当業務のレベルも下がって、誰でもできる単純作業からスタートになるかも。それに、未経験で手に入る仕事って、たいていはそんなに良い労働環境じゃないよね。例えば、残業代が出ないとか、ノルマがキツくてみんな辞めちゃうとか、ブラックな職場も多い」

「うぇぇ、怖いな」

「例えるなら、トランプのポーカーみたいなものさ。配られた手札が弱いからって、ヤケクソで5枚全部交換に出しちゃう人がいるだろ？　そんなやり方で勝てるのは、よっぽど幸運な場合だけで、ほぼ確実に負ける。そういう負け戦を、自分から仕掛けちゃいけないんだよ」

「業界や職種を変えるのは、負け戦ってこと？」

「全部ガラッと変えるんじゃなくて、何か一部は残した方がいいってこと。業界は変えるけど職種はそのままで、次の職場でも過去の経験を活かせるようにするとかね。転職活動はさ、手持ちのどのカードを残して、どんな手札を作るかが勝負なんだ。完全未経験でゼロから再スタートなんて、うまくいくわけがないんだ」

20 「譲れない条件」を明確にする

「あとは、**転職エージェントに希望条件をどう伝えるか**だね。基本は、田中君が希望した条件になるべく合う求人をキャリアアドバイザーが探してきてくれる。でも、そんなの絶対無理やろがい！　っていうバカげた条件を言っちゃうと、そのまま音信不通になったりするから注意しないといけない」

「え？　なんだよそれ」

「例えば、今の年収が４００万円なのに『６００万円以上じゃないと絶対に嫌です』みたいな変な要望を出した場合の話ね。そういう無謀なことを言う人、意外と多いんだけど、転職エージェントから見たら『この人はダメそうだな。きっと内定もらえないな』と判断されて、良い求人を紹介してもらえなくなるんだ」

「えー、なんかひどいなぁ」

「向こうもビジネスでやってるんだから仕方ないよ。優良企業の求人は、より見込みのあるまともな候補者に紹介してあげた方が、内定が出て報酬獲得につながる可能性が高いだろ？」

「そりゃ、そうだろうけど……」

「転職エージェントっていう連中は、そんなに一人ひとり丁寧にお客様対応をしてくれる人種じゃないんだよ。そもそも田中君は彼らに1円もお金を払ってないんだから、当然さ。もし初回面談で『見込みがない』『お金にならない』と判断されたら、もうその時点でお客様ではなくなるんだ。そのまま静かにフェードアウトだよ」

「フェードアウトされたら、どうすればいいの？」

「他のエージェントを頼るまでさ。人材紹介業者はセブン-イレブンの店舗数より多いんだぞ？　いくらでも他の会社があるから大丈夫。

『見込みがない』っていうのは求職者の評価だけじゃなくて、エージェント側の手持ち求人の事情もあるからさ、そのエージェントが持ってる中で田中君に合うものがタイミングよく見つからなければ、『紹介できません』ってケースも当然あるよ。別にネガティブな意味じゃなくて、マッチングの問題でね」

「選択肢が限られてるってこと？」

「そう。新卒の就活は、同時期にすべての会社が大量募集中だから、受けようと思えば100社でも200社でも受けられるだろ？　でも、中途だとそうはいかない。自分の経歴やスペック的に応募可能な会社って、絶対に１００社も見つからないよ。

　それに、個々のエージェントによって得意とする業界や職種があるから、その中から比較的内定をもらえそうなもの、希望に合いそうなものを見繕うしかないんだ。だから、希望条件がめちゃくちゃ細かくてガチガチな人よりは、ある程度の柔軟性を持って現実的な希望を出してくれる人の方が、エージェントにとっても求人紹介はしやすいんだよ」

「うーん、でも別に『何でもいいです』ってわけじゃないし」

「だったら、それを言わないと。**もし何か譲れない条件があるなら、最初にはっきり言っておかないとダメ**なんだ。後から言っても遅いよ」

「譲れない条件って？」

「年収もそうだし、土日休みじゃなくてもいいのかとか、将来的に全国転勤可能かとか、そういう基本的な話」

「そりゃ、年収は高い方がいいし、住宅手当があったら助かるし、転勤はなるべくしたくないし、休みは土日がいいし、有休も取りやすい方がいいし、できればリモートワークも……」

「田中君、それはダメだ」

「え？」

「希望条件を細かく言い過ぎると、それだけ内定が遠ざかるよ。ここで言うのは、あくまで『絶対に譲れない条件』だけ。親の介護の心配があるから転勤できないとか、最低でも年収は現状をキープしたいとかね」

「えーーー、なんだか夢がないなぁ」

「オイオイ、田中君は、強みが何もないキャリア弱者だろ？　弱者には弱者の戦い方があるんだ。まるで強者みたいな戦い方をしたら、あっという間に予選落ちして負けが決まっちゃうよ」

「そんな、はっきり言うなんてひどい」

「私は、勝つための戦い方の話をしているんだ。転職を実現したいなら、何でもかんでも一度に全部手に入れようとしちゃダメだよ。理想を全部一気に叶えようとするんじゃなくて、今回の転職では最低限これとこれは欲しい、くらいの認識がいいと思うよ」

21　希望年収の考え方

「言いたいことは分かるけど……」

「けど？」

「条件って、どの辺まで妥協すればいいの？　そりゃ、年収は高い方が良いに決まってるし、休みも欲しいし、なるべく安定した企業で働きたいし……」

「で？」

「無謀な挑戦はしない方がいいっていうのは理解できるけど、それでも、あきらめたくないし……。『譲れない条件』を絞るのって難しいよ」

「まあ、田中君の気持ちも理解できるけどさ、**そんなこと言ってたら、希望条件がどんどんモリモリになっていって、転職のハードルが上がるだろ？**　極端な話、『年収1億円で残業ゼロの定時退社でノルマもプレッシャーもない仕事がいいです』って話じゃん」

「それは……」

「その時にさ、田中君は果たして、年収1億円に見合うほどの人材なのか？　ってことだよ」

「……」

僕が、年収1億円に見合うわけはない。そんなことは転職デビルだって当然分かっているくせに。例え話とはいえ嫌な言い方をするクマだな。

「年収1億円で定時退社っていうのは極論だけどさ、自分の経歴的に内定が出るレベルをきちんと見極めて希望を出さないと、条件に合う会社が1社も見つからなくて転職活動が永遠に終わらないってこと」

「そりゃ、そうかもしれないけどさぁ。その**『自分の経歴的に内定が出るレベル』ってどうやって見極めればいいの？** 難しいよ、僕には」

「そこは、転職エージェントにある程度は任せていいと思うよ」

「エージェントに？」

「そう。彼らは、田中君みたいな求職者以上に、企業がクライアントだからね。企業側が求める人材条件に明らかに合わない人材を面接に送り込んだりしたら、自分のエージェントとしての信頼に関わる。だから、『あまりにも無謀だろ』っていう面接は最初から受けさせないんだ。当然だね。企業に無駄な時間を取らせたら、嫌われちゃうから」

「つまり……」

「もし田中君が、あまりにも無謀な条件を出してきたら、きちんと『それはさすがに無理です』って言ってくれる。その辺の嗅覚は、ある程度ちゃんとしてると思うよ。箸にも棒にもかからない人材を企業に送り込んだら、彼らの信用問題になるんだから」

「じゃあ、どの辺りまで条件を上げられるかは、エージェントとの面談で探るってこと?」

「まあ、そんな感じ。ただ、**自分でも無謀だろうなと思うようなハイレベルな条件を、もしかしたらワンチャンあるかもと思って見切り発車で出すのは、さすがに辞めた方がいいよ**。そういう軽はずみなことをすると、エージェントに嫌われるから。

例えば、田中君の今の年収は350万円って言ってただろ? しかも、自分には特に売りにできる強みもないって話だ。それなら、希望年収は『350万円~できれば400万円』程度に伝えておいた方がいい。ここで、『絶対に600万円以上』とか、変に欲張ったことを言うと企業を紹介してもらえなくなる」

「それが現実かぁ」

「今話しているのは『特にこれといって強みがない場合』っていう前提だからね。交渉材料がない人が強気に出ても、相手は乗って来ないよ。20代の転職で年収が上がるなんて、そう簡単に思わない方がいい」

22 伸びている業界に行けばいいって本当？

「年収水準は業界で決まるって、よく聞くけど？」

「うん、それで？」

「だからさ、僕みたいな特に強みのない人でも、もしかしたら、業界を変えれば年収が上がったりしないかな？」

「上がったりしないね」

「えぇ？　なんでだよ？」

「年収水準は業界で決まる、というのは間違いではない。事実だと思うよ。でも、**だからといって『高年収の業界に行けばいいんだ』とはならないよ」**

「だから、それはなんでだよ？」

「田中君さ、君の知ってる『年収が高い業界』って、例えばどこ？」

「分かんない。全然分かんない」

「これだから君は……。漠然としたイメージだけで物を言うなよ。年収が高い仕事っていうのは、例えば、外資系金融やＩＴ、コンサル、総合商社などだ」

「ってことは……」

「田中君が、例えば、マッキンゼーやボストンコンサルティング、三井物産やグーグルの面接を受けて、内定が出ると思うのかい？」

「出るわけない……」

「そう。出るわけがない。それに、コンサルも総合商社も、たいていの会社は激務だぞ？　睡眠時間をギリギリまで削って働くような生活をしたいのかい？」

「ちょっとそれは無理」

「よく言われてる『年収は業界で決まる』って、この程度の話なんだよ。こんなの、『医学部を出て医者になれば年収は上がる』って言ってるのと大差ないよ。現実的に医者になれる頭の良さを持ってない人がそんなことを考える意味はないし、人の命に向き合う仕事のプレッシャーやストレスに耐えられなければ、結局は不幸になるだけだ」

「そうかも。そう思えてきたかも」

「年収が高い業界に移ろう！　じゃなくてさ、田中君は食品メーカーの営業職なんだから、その**経験をどうやって売るかを考えないといけないんだ**」

「僕の経験？」

「そうだよ。君は今まで、営業の経験しかないんだ。その経験を活かすことでしか、将来の道は拓けないよ？」

「？・？・？・」

◉このパートのまとめ

19　転職エージェントとの初回面談で聞かれるのは、「経験職種、経験年数」「退職の理由」「希望の業界／職種／年収」など

業界も職種も一気に全部変えてキャリアチェンジしようとすると失敗しやすいので、なるべく業界もしくは職種のどちらかは活かした方が良い。

20　自分にとって「譲れない条件」を明確にして、それ以外は妥協してもいい、という線引きをしておく

もし何か、どうしても譲れない条件があるなら、転職エージェントに対して最初からはっきり言っておくべき。例えば、最低希望年収、土日休みかどうか、転勤は可能か、など。

21　中途採用では、転職活動時点で企業側の募集条件に合うものの中から自分の希望に比較的合うものを選ぶしかない

20代の転職では、年収などの待遇はそう簡単には上がらない。変に希望年収を高く言ったり、企業に求める条件をあれもこれもと積み上げると、自分の首を絞めることになる。

22　「年収水準の高い業界に行けば、年収が上がる」はウソではないが、現実的にはその仕事への適性がなければ意味がない

単純に業界を変えればいいという発想だと、自分にとってベストな仕事を見つけることはできない。

第4節　過去の経験を活かすのが大事

23　同一業界／職種でなければ経験が生きないわけではない

「それって……僕の営業経験を活かせる転職先を探すってこと？」

「そう。転職活動は、過去の経験を活かすのが基本だよ」

「あのさ、転職デビルは僕の話、聞いてた？　だから、もう営業はやりたくないって
……」

「分かってるよ。営業以外の仕事がしたいんだろ？　それは田中君が決めることだし、
それでいいと思うよ」

「だったら、営業の経験は今後は活かせないじゃないか」

「ハッハッハ、ハッハッハッハッハァ……」

妙にむかつく感じで、転職デビルは笑いだした。不気味な笑い声だ。

「気持ち悪いな、その笑い方」

「ハッハハッハッハァ……」

「そんな嫌味な笑い方してたら、モテないぞ」

「ハ……」

急にピタッと、笑い声が止まる。そんなにモテたいのだろうか。

「いや、おかしくてね。田中君の言うことが」

「何がおかしいって言うんだよ」

「君、もしかしてさ、食品メーカーの営業の経験は、同じ食品メーカーの営業じゃないと活かせないと思ってないか？」

「？？？　そりゃ、そうでしょ？」

「ハッハッハァ、だからおかしいって言ってるのさ」

「モテないぞ、その笑い方」

「ハ……」

また、笑い声が止まる。そんなに、自分がモテるかモテないかを気にしているのだろうか。

「田中君ねぇ、この私のイケメンオーラが見えないのは仕方がない。才能がない人に、才能を求めようとは思わない。ただね、**経験はいつだって売りにすることができる**」

「経験を、売りに？」

「そうさ。自分の経験が『売れない』と決めつけるのは、もったいないって言ってんの」

「売れないも何も、営業の経験は、営業以外では活かせないだろ？」

「あーーー、もったいない！　もったいないよ！　これじゃ、もったいないお化けが出てくるぜ！」

「何がだよ？　さっきから、転職デビルの方がおかしなことを言ってないか？　中途採用の求人には、明確に○○経験3年とかって条件があるんだろ？　それを満たせないならアウトじゃないか。マーケティング経験3年以上を求めている会社に、営業経験2年半、マーケティング経験なしの僕が応募しても、一瞬で落とされるだけだろ？」

「そりゃ、『営業経験2年半、マーケティング経験0秒』って自分で名乗ればね」

「名乗る？　名乗るも何も、それが事実じゃないの？」

「いいかい、田中君。これは、とても大事なことだ。**自分の過去の仕事の経験は、同一業界／職種でなければ生きないわけではない**んだよ」

目の前のスマホ画面に映る「笑い方の気持ち悪いクマ」がいったい何を言っているのか、

僕には正直、分からなかった。

24　自分の経験の中から売り込める要素を探す

「その考え方だと、めちゃくちゃ損するよ」

「損？」

「その発想をしている時点で、転職活動はかなり絶望的と言っていい」

「そこまで言うか……。もったいぶってないで、どういうことか教えてほしいんだけど」

「つまり、私が言っているのはね、『**自分をどう売るか**』って話なんだ。例えば、マヨネーズを売りたいと思ったときにさ、『生野菜サラダによく合います』という言い方もできれば、『たこ焼きにソースと一緒にかけると最高ですよ』って言い方もできるだろ。『簡単な味付けで美味しいエビマヨが作れます』でもいいし、『卵焼きや炒め物の隠し味にちょっとだけ入れると、子どもが食べやすい味になります』だっていい。売り方は無限にあると思わないか？　田中君は食品メーカーの営業なんだから、何となく分かるだろ？」

「その話は理解できるけど……」

「まったく同じ話なんだよ、転職も。田中君の『食品メーカーの営業』という経験はさ、例えば、『法人の取引先相手に長期的な信頼関係を作るのが得意です』という言い方もできれば、『新商品の良さをピンポイントで相手に響く形で売り込むのが得意です』という言い方も可能だ。『取引数量や価格について粘り強く交渉する仕事なら任せてください』でもいいし、『新規開拓で潜在需要を掘り起こす仕事をメインにやってきました』でもいい。

実際に田中君が何が得意かって話は置いといてさ、**『営業経験』と言っても面接でアピールする方法はいくらでもある**ってこと」

「なるほど……。ただ単に『過去2年半、営業をやっていました』と言うのではなく、どんなタイプの相手にどんな営業活動をしたかを掘り下げてアピールするってこと？」

「掘り下げるというよりは、どの部分を切り取って、どのくらい強調するかだね」

「強調？」

「田中君はさ、『営業をやってました』と言ってもさ、毎月の予算達成のために取引先を訪問して回ることもあれば、新商品の概要説明や、卸価格の値上げ交渉、もしくは社内の在庫確保とかさ、中身はいろいろとあるはずだろ？　顧客向けの見積書を作る仕事もあれば、営業部長報告のための会議資料を作る仕事もある」

「たしかに、そうだね」

「例えば、さっき言った『新商品の良さをピンポイントで相手に響く形で売り込むのが得意』っていう例は、マーケティングの仕事にも通じると思わないかい？　あるいは、『社内報告資料をフォーマットに沿ってまとめて分かりやすく説明するのが得意』だったら、経営企画などの仕事でも共通するスキルだ。マーケティングの経験はゼロですと言いながら、実は、マーケティングに関連する要素は一部、田中君の過去の中にあるんだよ」

「え？　僕、マーケティング経験あり？」

「経験者と呼べるかどうかは分からないけど、少なくとも、完全に未経験ですって自分で自分を下げる必要はない。例えば、『マーケティング関連の仕事だと一部こういう経験がありますす』という言い方はできそうだと思うな」

「物は言いようって話？」

「そう。**過去の経験が大事なんじゃなくて、それをどういう言葉で表現するかが大事**なんだよ。『マーケティング』の仕事の定義だって、実は会社によって結構違うからね」

「どういうこと？」

「A社では『営業部』がやっている仕事が、実はB社では『マーケティング部』が担当していることもある。本当にこういうケースってたくさんあるんだ。転職経験がなくて1社でしか働いたことがない人には、なかなか実感が湧かないと思うけどね。この場合、君はA社の社内では営業経験しかないけど、実はB社目線で言えばマーケティング経験ありと見なされる可能性がある」

「え？　じゃあ、やっぱり僕って、マーケティング経験あり？」

「ケースバイケースだけどね。そういうアピールができる可能性もゼロじゃないってこと」

25　未経験でも「経験者募集」に応募せよ

「でもさ、それにしたって僕が、『マーケティング経験3年以上』って条件の仕事に応募できるわけじゃないよね？」

「応募はできるさ。自己PRの作り方によってはね。もちろん、それで書類選考や面接を通過できるかどうかは未知数だ。それは企業側が決めることだからね。ただ、自分の過去の仕事を振り返ってみて、『この部分はマーケティング経験として売り込めるな』っていう要素がいくつかあるんだったら、マーケティング経験豊富ではないけど近しい経験は一部あり、みたいな形で売り込むことは可能だ」

「近しい経験って？」

「実際の求人票でも、よくあるんだよ。**『同一職種もしくは類似の経験3年以上』『同業界もしくは近しい業界での経験5年以上』**みたいな書き方。このとき、いったい何をもって『類似』『近しい』とみなすのかは結構、主観的なさじ加減だったりする。だから、**未経験だからって即あきらめたり、『未経験可』の求人だけに絞って受けるんじゃなく、経験者採用だったとしても『近しい経験あり』と主張して自分を売り込むことは十分できる**んだ」

「本当に、そんなやり方でうまくいくの？」

「大丈夫さ。もちろん、『それは求めてる経験じゃない』って判断される可能性もあるけど、その辺りは、応募してみないと分からない。少なくとも、自分からどうせ無理だと簡単にあきらめる必要はないんだ。それに、この話の背景にあるのがね……」

「何？」

「企業側の求人票の作り方も、意外と適当だってこと」

「え？　なんだよ、それ」

「企業側もさ、なるべく優秀でハイスペックな人材を安い給料で雇いたいっていう下心があるから、『その程度の年収レンジじゃ、そんな経歴の人材は雇えないだろ！』っていう明らかに無理のある求人が、世の中には多く出ている。その結果、何が起こると思う？」

「希望条件に合う人材をなかなか雇えない？」

「そう。だから、何か月待っても良い候補者が現れず、採用枠が埋められずに困っているところに、多少条件に合ってない人や、希望条件から若干見劣りする人が応募してきたら、意外とすんなり書類選考を通過しちゃったりする。

　さすがに、元々の条件から遠すぎて箸にも棒にも掛からない人だとダメだけど、『求める人材条件』の半分程度しか満たしてないのに内定が出る、みたいなケースは割と普通にあるよ」

「えーーー、そうなの？　だったら、最初から条件をゆるくしておいてほしいよ」

「仕方ないんだよ。企業の人事部の中には、今まで長いこと新卒採用一辺倒で、中途採用の状況を分かっていない担当者も多いし、ついつい欲が出て、できるだけ優秀な社員が欲しくて無理難題な要求をしてしまうこともある。企業側も、採用活動の大部分は実際にやってみないと分からないから、募集開始から半年くらい経ってやっと『この条件だと現実的に採用できないんだな』って気づくんだ」

「なるほどねー」

「ひどいケースもたくさんあるよ。例えば、『求める人材条件』が、大手コンサル出身者で、経験年数10年以上で、高度なITスキルがあって、英語をビジネスレベルで話せて、海外勤務の経験者希望、できれば管理職経験も……、みたいな感じなのに、『想定年収７００万円～』って書いている求人とかね」

「それは、たしかに無理があるかも」

「そのレベルの人材って年収１５００万円出しても雇えない可能性が高いのに、７００万円提示じゃ誰も応募してくるわけがない。しかも、その求人の労働条件をよく見ると、地方の工場勤務、かつ将来的な全国転勤あり、リモートワーク完全不可みたいな待遇の悪さでね。典型的な採用活動のミスだよ」

「へーーー」

「だから、企業側の『求める人材』条件は１００％満たしていなくても全然応募可能だし、中には、１個も満たしていないのにたまたま面接で偉い人に気に入られてトントン拍子に内定が出る、みたいな人もいるよ。採用は本当に水物だ。何が起こるか分からない」

「でもさ、だったら、『○○経験年数３年以上』みたいな条件も、満たしていなくても大丈夫ってことじゃない？」
「そこは微妙だね。あくまで『条件を満たしていなくても内定が出るケースもある』ってだけで、それが多数派というわけじゃない。やはり基本は、条件の7割程度は満たしている求人を受けるべきだよ。

例えば、『○○経験年数3年以上』という条件の求人だったら、できるだけ3年以上の経験があった方がいいのは間違いない。競合相手として、経験年数5年の人、10年の人が応募してくる可能性だってある。このとき、まあ何とか経験2年9か月で採用される可能性はあるけど、条件を完全無視して社会人1年目でほぼ初心者、スキルゼロの人が応募しても99・99％内定は出ないよ」

「なんだか難しいなぁ。その『求人票に書いている条件』と『企業の本音の条件』の差って、どうやって見極めるの？　募集要項を見ただけじゃ、条件を満たしていなくても採用される可能性があるかどうかは分からないってことだろ？」

「そこは、転職エージェントに探りを入れるんだ。企業の社内政治とかメンツの問題とか、裏でいろいろあって、公式な求人票では超ハイスペック人材を募集している場合でも、本音では『これとこれだけ満たしてれば一応面接はしますす』みたいなケースも結構ある。優

秀な転職エージェントなら、そういう裏事情もちゃんと把握しているものさ。求職者には
その内容を直接教えてくれないにしても、最低限その人が応募可能かどうかはチェックし
てくれる」
「転職エージェントのサービスを利用するのって、意外と大事なんだね」
「当たりはずれは大きいけどね。運よく優秀なエージェントや、企業とのパイプの強い担
当者に当たれば、かなり強い味方になってくれるよ」

◉このパートのまとめ

23　過去の仕事の経験は同一業界／職種でなければ活きないわけではない

業務内容のどの部分を切り取って強調するか次第で、経験の売り方は無限にある。

24　「近しい経験あり」「類似経験あり」など、未経験職種／業界であったとしても部分的に経験を売り込める可能性がある

その可能性をわざわざ自分からあきらめる必要はない。

25 未経験だからといって、「未経験歓迎」と謳う求人にしか応募しないのは、完全に機会損失であり、もったいない

転職エージェントとも会話しつつ、もしある程度の勝算が見込めるなら応募してみてもいい。

第3章
「強み」がない人の書類選考対策

第1節　職務経歴書に何を書けばいいのか

26　書類通過を決めるのは「最初の5行」

「応募する求人の選び方は、なんとなく分かった気がするんだけどさ」

「何だい、またネガティブ田中かい？」

「もういいよ、それは。問題はさ、職務経歴書だよ」

「何が問題なんだい？」

「転職デビルはさ、僕の自己ＰＲスキルの低さを完全に見くびっているんだよ。僕の職務経歴書はひどいよ？」

「変なところで威張るなよ、ネガティブだなぁ、もう。どれどれ、見せてごらんよ」

そう言われて、僕は作成途中の職務経歴書のＰＤＦファイルを、スマホアプリにアップロードした。

「判定！ ジャカジャカジャカジャカジャカ……デデン！ 0点！ なんだこれは？」

「だから、ひどいって言ったじゃないか」

「ひどいも何もさ、1行も書いてないじゃないか。真っ白だ」

「書いてるだろ？ 氏名と連絡先」

「おいおい、ネガティブ田中。これは職務経歴書じゃなくて、『氏名と連絡先』だろ。そりゃ0点が出るよ」

「しょーがないじゃないか！ 何を書いていいか、さっぱり分からないんだから！ 僕だって書こうとしたよ、したんだけど、全然言葉が出てこないんだよ、ずーーーっと白紙とにらめっこだよ」

「ひどい、なかなかにひどい……」

「いいよ。笑えばいいさ、僕のことを。どうせ僕には無理なんだ、転職なんて」

「あのねぇ田中君、せっかく応募企業選びのことをいろいろ教えてあげたのに、全然ポジティブになれてないじゃないか」

「ポジティブになんてなれないよ。職務経歴書が白紙なんだから。これじゃ、応募企業が見つかったって応募できないし」

「仕方ない、教えてあげよう、この転職デビルが。**職務経歴書はね、最初の5行だ。冒頭5行に魂を込めるんだ**」

「悪魔が『魂』って言葉を言うと、なんだか気持ち悪いな。魂を抜き取られそう」

「くだらないことを言ってるんじゃないよ。いいかい？　**一番上の『概要』の5行**だ。そこでほとんど書類選考の通過は決まる」

「概要だけで？」

「そうさ。そもそも、職務経歴書は概要だけでいいんだから」

「どういうこと？」

「面接官や人事担当者は、候補者一人あたり、どの程度の時間をかけて職務経歴書を見ると思う？」

「どの程度って……、僕には全然分からないけど、5分とか？　さすがに10分以上かけてじっくり見てくれるとは思わないけど」

「6秒だ」

「は？」

「平均6秒。これは以前、人材業界のベテランの人に聞いた話さ」

「6秒？　そんな短い時間でいったい何が分かるんだよ？」

「だから、最初の5行が大事なんだよ。6秒なんて、流し読みでも5行程度が限界だ。つまり、最初のページの一番上の数行を読んで、そこでピンと来なかったら、もうその時点で書類選考の不合格が確定するんだよ」

「そんな……、僕にとっては今後の人生が懸かってるのに、6秒で即終了することがあるの？」

「人事担当者は、1日に何十枚も書類を見ていたりするからね。当然、採用の仕事だけやっているわけでもないし、会議や打ち合わせもあるし、一人ひとりの職務経歴書にそんなに時間をかけていたら日が暮れてしまうのさ」

27　職務経歴書は「簡潔」に「分かりやすく」

「冒頭5行に魂を込めるって言ってもさ、そんな短い文章に魂を込めようがなくない？」

「1行も書けなくて白紙で悩んでいるヤツがいったい何を言ってるんだよ？　まずは1行でも2行でも何か書かないと、魂もクソもねぇだろ」

「ウッ……、それは……」

相変わらずの毒舌だ。やめてくれ。そのツッコミは、僕に効く。

「平均6秒しか見てもらえないんだからさ、最初の5行で勝負するしかないだろうよ」

「でも、何を書くんだい？　具体的に教えてくれよ、僕でも書けるように！」

「例えばこんな感じだ」


【経歴概要】

食品メーカーABC社の調味料製品部門（売上は業界8位、20XX年実績42億円）で約3年間、大口取引先7社向けの法人営業を担当してきました。10名で構成される営業部の担当者の一人として、老舗顧客との中長期的な信頼関係の構築、年間販売数量の維持（総需要が大幅縮小する中で対前年＋2％）と、受発注プロセスの抜本的な改善と効率化のプロジェクト（DX推進により受注確定の所要時間を2日→24時間以内に短縮）に貢献しました。


「すごい！　なんだか立派！　いいね、これをパクろう！　このまま全部パクろうっと！」

「そんなことしちゃダメだよ、田中君。職務経歴書に書いた内容は、面接で詳しく突っ込まれるんだ。君自身が、どういう角度から何回質問されても全部答えられる内容にしておかないと、結局は面接でボロが出るだけだよ」

「えー！　そんなこと言われても、僕の進捗は『氏名と連絡先』で止まっちゃってるんだよ？　もう、例文を丸パクりするくらいしか方法は……」

「行動が極端すぎるだろ、ネガティブ田中」

「だって、書き方が分からないんだよ」

「文言をそのままパクるんじゃない、要素をパクるんだよ」

「要素？」

「そうさ。要素分解して考えてみると、だいたいこの程度の内容が5行以内に盛り込まれていればいいんだ」

・業界と担当商材：食品メーカーABC社の調味料製品部門
・所属企業のビジネス規模：売上は業界8位、20XX年実績42億円
・経験年数と職種：約3年間、大口取引先7社向けの法人営業

・組織と役割：10名で構成される営業部の担当者の一人
・主な担当業務：老舗顧客との中長期的な信頼関係の構築
・具体的な実績①：年間販売数量の維持（総需要が大幅縮小する中で対前年＋2％）
・具体的な実績②：受発注プロセスの効率化のプロジェクト（ＤＸ推進により受注確定の所要時間を2日→24時間以内に短縮）

「なるほど、なるほど？」

「田中君、まだイマイチ分かってないだろ」

「ギクッ！」

やめてくれ。そのツッコミは、僕に効く。

「大事なのは、**なるべく簡潔に分かりやすく**ってことだ。例えば、『食品メーカーＡＢＣ社』とだけ書かれても、よっぽどの有名な会社じゃない限り、どういう企業なのか分からないだろ？　だから、『売上は業界8位、２０ＸＸ年実績42億円』みたいな情報を足しておくんだ。他の業界の人や、人事部の人にもイメージが付きやすいようにね。仕事の内容だけじゃなく、具体的な実績について数字で複数示しておくのも大事なことだ」

「その数字ってヤツ、苦手なんだよなー」

28　具体的な実績は数字で示せ

「数字っていうより、**言語化の問題**なんだ。数字が得意だと自分で自覚している人なんて、実際そんなにいないよ。私だって数字は苦手だ。これは、数字に強いかどうかではなくて、**自分の経験を他人にどう見せるか**の問題なの」

「数字だろうが言語化だろうが、僕には分からないし、無理だよ」

「簡単にあきらめるなよ。あきらめたら、そこで試合終了なんだぞ」

「どこかの監督みたいなことを……」

「転職したいんだろ？」

「はい、先生。転職がしたいです……」

「じゃあ、やるしかない。数字で実績を語るのって、実は言うほど難しいことじゃないよ。田中君にもできるさ」

「僕にもできる？　本当に？」

「言ったじゃないか。転職できない人なんて、いないんだ。みんな、できる。絶対できる」

「そこまで言うなら、頑張っちゃおうかなー」

「本当にダメ人間だな、田中君……」

「いいから教えてくれよー、数字で実績を語るってやつ」

「数字で語るって別にすごいことでも何でもなくってさ。ただ『数字を出す』だけなんだ。何でもないことでも数字で示すとそれっぽくなるし、相手に伝わりやすくなる。例えば、これだけど……」

・具体的な実績①：年間販売数量の維持（総需要が大幅縮小する中で対前年＋2％）

「なんだか立派な実績に見えるよね……」

「そんなことないだろ？　よく見てみなよ」

「え？」

「対前年＋2％だぞ？　たったの2％しか伸びてないし、この書き方だと、もしかしたら予算達成できてない可能性がある」

「え？　予算達成してないのに実績として書いていいの？」

「むしろ、予算達成とかは書いちゃダメなんだよ」

「なんで？」

「客観的じゃないから」

「予算って客観的だろうよー」

「田中君、なかなかにアホだな」

「な、なんだとー」

「ここで言う客観性というのは、君から見てじゃない、企業の面接官から見たときの話だ」

「え？　どういうこと？」

「つまりさ、予算や営業目標って、あくまで社内の話だよね。営業マン一人ひとりの個人ノルマを社外にいちいち公開していないだろ？」

「そりゃ、そうだね」

「つまり、君が本当に予算を達成しているのか、していないのかなんて、面接官は確かめようがない」

「そうか！　つまり、いくらでもウソがつけるから、対予算＋２５０％の実績でした！　って言えばいいってことだね！」

「そんなわけないだろ！」

「冗談だよ……」

「ふー、まったく！　そもそも予算ってさ、個々の会社や営業部の方針などによって、無理難題の高すぎるノルマを突きつけてくる職場もあれば、ゆるゆるで超イージーな目標の部署も実際にあるだろ？」

「たしかに、僕の会社でも、調味料部門は競合他社に負けまくってるから予算達成がかなり厳しいけど、エナジードリンク部門は昔からブランドが強くて放っておいても売れるから、誰が担当しても予算達成できる、みたいな部分が一応ある」

「そう。予算って会社が自分たちで立てた『目標』だからさ、自分で作ったノルマより上か下かなんて本来、社外の人から見たらどうでもいいことだろ？　それを、『客観性がない』って言うの」

「そういうことか……」

「逆に言うと、前年実績との比較ならまだ一応客観的だ。総需要が大幅縮小する中で対前年＋2％っていうのは、マーケットの傾向に対して多少はプラスって話になるから、一応誰が見てもポジティブ要素だろ？　だから実績って言っていいんだよ。総需要の推移は調べたら分かるから、そう勝手にウソもつけないしね。もちろん、対前年比較の数字を出しても、それが果たしてどの程度すごいのかは書類だけじゃ分からないから、面接で詳しく聞くことになるよ」

「面接で聞かれちゃうの？　怖いなー」

「自分で書類に書いたことを面接で聞かれるのは当たり前だろ？　もし聞かれたくない内容なら、最初から書かなきゃいいんだよ。それに、**職務経歴書作成の最大の目的は『とりあえず面接に呼んで、詳しく聞いてみよう』と思わせること**なんだから、これで十分役割を果たしているんだ」

「なるほどー。ちなみに、こっちの方は？」

・具体的な実績②：受発注プロセスの効率化のプロジェクト（DX推進により受注確定の所要時間を2日→24時間以内に短縮）

「これも、イイ感じに数字を使って書いているだけだよ。『DX推進』って書いているけど、実際には『いい加減、そろそろFAXで注文書を送るのやめませんか?』とFAXからEメールに切り替えたら、注文確定までの時間が早くなったよねって話」

「なにそれ? 全然すごくない!」

「いいんだよ。『DX推進により受注確定の所要時間を2日→24時間以内に短縮』だろ? まぎれもない事実じゃないか。『FAXやめました』って書くだけだと何の実績にも見えないけど、具体的な数字を使えば印象が変わる」

「なるほど」

「取引先からFAXで発注書を送ってこられてもすぐには気づかないし、オフィスにいないと受け取れない。そのため翌日までに発注書を確認して翌々日に受注確定だったのが、Eメールならスマホで受け取ってそのまま返事をすればいいから、基本24時間以内だ。それに、これは紙からデジタルへの切り替えだから、DXと呼んでもウソではないだろ?」

「なんだかハッタリっぽいなぁ」

「もう一度言うぞ? 職務経歴書作成の最大の目的は『とりあえず面接に呼んで、詳しく聞いてみよう』と企業側に思わせることなんだ。だから、面接に呼ばれたらこっちのもんなんだよ。あからさまなウソをつくのはダメだけど、ハッタリや言い換えは問題ない。それが事実であるかぎり、どんな言葉を使って表現するかは、こっちの自由なんだからね」
「悪魔…… さすがはデビル」

◉このパートのまとめ

26 職務経歴書は平均6秒程度しか読まれない

冒頭5行だけで、ほとんどの勝負は決まってしまう。その5行で表現すべき内容は、下記の通り。

・業界と担当商材
・所属企業のビジネス規模
・経験年数と職種
・組織と役割
・主な担当業務
・具体的な実績

27　職務経歴書の内容はできるだけ「簡潔」に「分かりやすく」書く

会社名や部署名、業務内容などをただ羅列するのではなく、その会社の業界内での位置づけや、その部署の役割などを括弧書きで補足しておく。よほどの有名企業でない限り、社名を見ただけでは相手にどのような会社か伝わらないため。

28　数字で実績を語るのが大事

職務経歴書作成の最大の目的は『とりあえず面接に呼んで、詳しく聞いてみよう』と企業側に思わせることなので、客観的な数字を使って説得力を持たせて目を引くのが重要。

ただし、職務経歴書に書いた内容は、面接で深掘り質問されることが多いので、自分で詳細や根拠などを説明できない曖昧なこと、自信のないことは書かないようにする。

第2節　自ＰＲ対策①　現職と転職先の共通点を探せ

29　現職の業務内容が特殊すぎると転職先では通用しないか

「簡潔に分かりやすく、数字で語る、かぁ」

「そう、それが大事なんだ」

「でもさ、さっき社内予算の話を聞いていた時に思っちゃったんだけど……」

「何だい？」

「僕の扱っている商材、かなり特殊なんだよね。調味料だよ？　調味料市場のことなんて普段から頭にある人はほとんどいないだろうし、単なるスーパーに売っている小さな商品の一つだよね。それの営業のことなんて話しても、ほとんどの人はピンと来ないんじゃないかな？」

「何を言いたいんだよ？」

「僕の仕事はかなり特殊ってこと。だから、面接官や人事の人に理解してもらえないっていうか、僕の苦労や、仕事の実績とかうまく伝わるのかなって」

「『うまく伝わるのかな』じゃなくてさ、**どうやったら伝わるか**を考えるんだよ」

「その難易度が高いんだよー」

「高くないよ、田中君。自分の仕事は特殊だ、ニッチな業界だ、なじみのない商材だ。だからきっと特殊過ぎて伝わらない気がする。自分の仕事は他社では理解されない、通用しない……。みんながそう言うんだ。でも、それは大きな間違いだよ」

「間違い？」

「そもそもの話さ、同じ食品メーカーの中だって、調味料の担当と、お菓子の担当と、お酒の担当じゃ、全然見ているユーザー層も売上規模も広告戦略も違うだろ？　調味料の中でさえ、オイスターソースのメーカーと、ゆずコショウのメーカーでは、各商材を扱う難しさや競合他社の顔ぶれも全然違うだろ？」

「うん、そう思う」

「つまりさ、同じ『食品メーカーの営業』というくくりの中でさえ、実はそれぞれの仕事には特殊性があって、すべてを共有できるわけではないんだよ」

「たしかに」

「同業界・同職種でさえ、仕事の中身は一人ひとり違うことをやっているんだからさ、そもそも、世の中のすべての仕事はそれぞれ特殊なんだ。ある程度はその仕事特有の事情や、他の人には伝わりづらい部分が存在するものなんだ。それが普通なの。『自分の仕事は特殊だ、だから相手に伝わらない』って、そう思い込んでしまうのは簡単だよ。でもさぁ、それは自意識過剰っていうか、自分の仕事を特別視しすぎなんだよ。たいていの場合、ただの勘違い」

「えー、僕の思い込みと勘違いだって言うのかよ！」

「そうだよ。特殊だと思っているのは自分だけだよ。特殊だと思ったら負けだね」

「負け？」

「つまり、『特殊な仕事だから他の分野には活かせない、他社では通用しない』って、そう思っていたら、転職先で即戦力にはなれないわけだろ？　もう無理だよ。自己PR失敗だね」

「うーん、そうかも」

「**『この仕事は特殊だから他社では理解されない』なんて自分自身が思っていたら、絶対**

にダメなんだよ。まったく逆で、『この仕事のこの部分はこういう風に活かせる』『あの部分はこういう形で応用できる』というポジティブな考え方ができないといけない」

「そうかー。そういうものなのかなぁ……」

「例えばさ、田中君の職業が『小説家』とか『霊媒師』とか『バイオリニスト』なら、まだ分かる。その仕事は、たしかに特殊だよ。でも、仮にそうだったとしても、他の分野に全然活かせないのかと言えばそんなことはない。どこをどう切り取って、どういう言葉で表現するか次第で、効果的な自己ＰＲに変えることができるんだ」

「霊媒師でも、経験を他の仕事に活かせるの？」

「この転職デビルが本気で言語化をすれば、アピールは十分可能だね。だからさ、そう簡単に自分の仕事は特殊だ、他で通用しないなんて考えてはいけないんだよ」

30　自己ＰＲ構築のための言語化プロセス

「え？　霊媒師の仕事の経験をどうやってアピールすんのさ？」

「――私は、過去に霊媒師として10年以上の経験を積んできました。その間、５００人以上のクライアントと深く関わり、彼らの悩みや問題を解決するためのコミュニケーションと信頼関係を築いてきました。

例えば、あるクライアントが長年抱えていた家族の問題を解決するために、複数回の交霊セッションを行い、最終的にクライアントの家族関係を改善することに成功しました。このような成功事例から得た洞察力と粘り強さは、御社の営業職においても非常に有用だと考えています。また、昨年度は霊媒依頼案件のリピート率80％を達成しました。このような実績を基に、営業職においても高い顧客満足度とリピート率を実現したいと考えています」

転職デビルが、キリっと真面目な顔を保ったまま、流暢に話す。

「すごい……。謎の説得力がある」

「謎じゃないよ。これは明確なロジックとテクニックを基にしたものだ。謎とか、才能とか、センスとかいう便利な言葉で片付けちゃいけないんだ。霊媒師の仕事内容でさえ、やりようによっては自己ＰＲとして成立するんだよ。これは当然、極端な例でさ、現実には営業志望の現役霊媒師はいないと思うよ。でもさ、そのくらい、この**自己ＰＲ構築方法**は異業界・異職種でも応用が利くってこと」

「自己PR構築方法って?」

「分解して説明すると、こんな感じ」

①言い換え:仕事内容の抽象度を上げて言い換える

[例]
霊的恐怖や呪いの影響、不幸の星を抱えている相談者の話を聞き、導きを与えた。
↓500人以上のクライアントに対するカウンセリングを実施し、解決案を提示。

②置き換え:現在応募している「営業の仕事」に置き換えて表現する

[例]
過去に亡くなった人や霊的存在と対話し、そのメッセージを生者に伝え救いを与えた。
↓コミュニケーションと信頼関係構築の末に、クライアントの課題を解決。
↓自社サービスの顧客満足度向上により、リピート率80%を達成。

「これは極端な例だから、変な感じに聞こえるかもしれないけど、基本はこの**①言い換え**と**②置き換え**で対応可能なんだ」

「極端な例というか、ちょっとふざけているよね？　転職デビル」

「てへぺろ」

古い……。こいつ、最新型ＡＩのくせに昭和の香りがするぞ。

31　過去の経験の「言い換え」と「抽象化」

「**①言い換え**で大事なのは、**業務内容を説明するときの抽象度を上げることだ**」

「抽象度を上げるって？」

「つまり、具体性を下げるんだ。あまり細かく書かないで、ざっくりまとめる」

「え？　自己ＰＲって、フワフワした話より具体的な方が良いんじゃないの？」

「具体性が低くてもいいんだよ。これはあくまで書類選考の話だから。職務経歴書は、あくまで短く簡潔に書くのが大事。あまり具体的に書くと、どうしても文字数が増えるし、いずれにしても全部は読んでもらえないからね。そうすると、自然とざっくりまとめる形がベストになる。『具体的にはどんな仕事をやっていたんだ？』という詳細は見えづらくなるけど、それを面接で詳しく聞きたくなるような見せ方ができればパーフェクトなんだ」

「なるほど」

「あえて具体性をちょっと低くして丸っとまとめた書き方をすると、一見あまり関係なさそうな仕事同士でも、類似性や共通点が見えてくる。そして、『過去の仕事の経験を転職先でも活かせる』というアピールがある程度は可能になる」

「へー」

「例えばさ、『霊媒師として魔法陣の上に呪霊を降臨させ……』みたいな具体的な作業手順の話をされたら完全にポカーンだけど、『クライアントとの対話を重ね、課題を解決した』って営業の仕事との共通点をうまく抜き出して言われたら、何となく入社後に経験を活かせる気もするだろ？」

「たしかに、魔法陣とか何とか言われるのと比べたら、全然印象は違うね」

「要するに、細かい仕事の内容を一つひとつ言うのではなくて、『その仕事ってつまりどういうこと？』『どんな価値があるの？』という概要だけ魅力的な言葉でうまく言語化するんだ。これは重要なテクニックだよ」

「うーん、でも、さすがに霊媒師の仕事の話だと、いまいちピンと来ないというか」

「それは私が悪かった。ちょっとふざけすぎたよ。いくつか、他の例を挙げてみようか」

・月次報告会議の日程調整、参加メンバーへの招集通知、会議室の事前準備、説明資料の作成と会議の議事進行、議事録の配信を行った。
　←（抽象化して言い換え）
社内定例会議の継続的な企画運営、ファシリテーターとしての議論の取りまとめを行い、円滑な意思決定と社内コミュニケーション促進を促した。

・人事担当として求人広告のたたき台を作成し上長の承認のうえで完成させて掲載開始、応募者の書類選考と面接を行い、内定通知の作成送付と入社手続きを行った。
　←（抽象化して言い換え）
社内の人員配置だけでは不足する高度スキル人材の中途採用計画策定をリードし、書類選考や採用面接などの候補者評価プロセスも自ら担当することで、組織の人材確保と中長期的な成長に貢献した。

・広報として広告代理店に提出するプレスリリースを作成、社内交流イベントの会場手配、チラシ作成、参加者リスト管理、経費の事務処理などを行った。

←（抽象化して言い換え）

企業のブランドイメージ向上とメディアとの良好な関係構築を目的とした広報戦略を推進。社員のエンゲージメント向上、部署を横断したコミュニケーション促進のための社内交流イベントの企画運営も行った。

「ほらね。文字面だけだと、ひたすら具体的な話をすれば魅力的に見えるとは限らないだろ？　同時に、抽象的な話だとフワフワしててダメってことでもない。具体と抽象は、その時々の使い分けなんだ」

「なるほど」

「例えば、『会議の参加メンバーのスケジュール調整をしてました』と言われても、なんだかアホみたいだろ？ でも、『定例会議の企画運営』って言えばちょっとそれっぽく聞こえる。書類選考においては、こういう細かいテクニックが大事なんだよ。あまり具体的なことばかり書きすぎても、どうせ業務内容すべては書き切れないし、書類のページ数が増えるだけで評価につながらないからね」

32 過去の経験の「置き換え」と「強調」

「もう一つのテクニックが、**②置き換え**だ」

「言い換えと置き換えって、なんだか同じような感じに聞こえるなぁ」

「言葉だけ見ればね。さっきの**『言い換え』は、抽象度が軸**になっている。**具体⇕抽象の間で最適なバランスを探して言葉を選ぶ**という意味での言い換えだ。

これから説明する**『置き換え』**は、**視点が軸**になる。つまり**自分視点を相手視点に置き換えたときに、表現する言葉、使うキーワードが変わる**ということなんだ」

「難しそう……」

「そんなことはないよ。コツさえつかめばね。霊媒師の例で言うと、『死者のメッセージを生者に伝える活動を通して幸福と希望を与えた』と説明されると、オカルト感が満載でかなり怪しいけど、『自社サービスの顧客満足度向上により、リピート率80％を達成』って説明なら、営業職として採用される可能性も少しはありそうじゃないか？　前者と後者で抽象度はそんなに変わっていないけど、視点が違うから言葉選びが変わってくるんだ。

　自分が過去にやってきたことを説明するときに、転職先の企業から見たらどのような言い方をすると高く評価されそうか、視点を変えて考えるんだよ」

「もう霊媒師の例で話すのはやめてくれ……。頭がおかしくなりそうだよ」

「おかしいなぁ。良い例だと思ったんだけど。仕方ない、また違う例をいくつか挙げてみようか」

　コイツが本当は悪魔なのか、クマなのか、ＡＩなのか、よく分からなくなる。やはり本業は悪魔で、魔界や霊界と通じる存在なのだろうか。いや、どうでもいいか、そんなこと。

「例えば、こんな感じだよ」

　過去数年間、食品メーカーの法人営業として大口顧客へのルート営業、進捗管理、年間数量交渉、価格交渉、クレーム対応などを担当してまいりました。この経験を通じて培った顧客対応力、交渉力、進捗管理能力を活かし、さらなる成長を目指したいと考えております。

←（**置き換え①**　転職先が「IT企業のデジタルマーケティング」で、**プロジェクト管理能力**が求められる場合）

食品メーカーの営業では、**複数のプロジェクトを同時に管理し、期限内に目標を達成することが求められました**。この経験を活かし、営業職のみならず他の領域においても、年間計画の策定から実施、効果測定までの一連のプロセスを効率的に管理することができると考えております。

←（**置き換え②**　転職先が「ヘルスケア業界のコンサルタント」で、**課題解決スキル**が求められる場合）

食品メーカーでの営業経験を通じて、**顧客の課題を迅速かつ的確に把握し、具体的な施策提案によって解決する能力を身につけました。**他業界においても、クライアントのニーズを深く理解し、最適なソリューションを提供することで、プロジェクトを成功に導くことができると考えます。

←（**置き換え③** 転職先が「教育業界のマーケティングマネージャー」で、**クリエイティブな新規アイディア**が求められる場合）

食品メーカーでの営業プロセスでは、**顧客のニーズを深く理解して仮説を立て、より優れた顧客体験を提供する新たなアイディア創出を実行してきました。**これまでの経験を活かし、組織の目標達成に向けた効果的な販促施策のアイディアを出し、それを自ら実行していくことで、ビジネスの成長を実現できると確信しております。

「こういう風にさ、転職先の企業から見たときにどういう言葉で言うべきか、どう説明すれば評価されそうかを考えていくんだ。田中君は今、食品メーカーの法人営業職だけど、もし転職希望先がＩＴサービス企業のデジタルマーケティングなら、その視点に置き換えて考えないといけない。あるいは、転職希望先が自動車メーカーの個人向け営業なら、その視点に置き換える必要がある。自分の言葉で話すのではなく、**相手の言葉に置き換えて、その部分を特に強調してアピール**するんだよ」

◉このパートのまとめ

29 「自分の経験してきた仕事は特殊な内容だから、他では通用しない」と安易に考えてはいけない

それを言ってしまったら、あらゆる仕事は特殊でその業界／職種特有のものになってしまう。他の分野にどうやって活かすのかを自分の言葉で説明しきれない限り、内定は出ない。

30 自己ＰＲ構築の基本は「仕事内容の言い換え」と「応募職への置き換え」

転職希望の会社から見て異業種の経験であっても、仕事内容を抽象化して共通点を見つけ、応募ポジションの内容に合わせて言い換えることで、効果的な自己PRが可能。

31 過去の経験の「言い換え」と「抽象化」

あえて具体性を下げ、要点だけをまとめた書き方をすると、一見あまり関係なさそうな仕事同士でも、類似性や共通点が見えてくる。そして、「過去の仕事の経験を転職先でも活かせる」というアピールが、ある程度は可能になる。

32 過去の経験の「置き換え」と「強調」

自分が過去にやってきたことを説明するときに、そのまま自分視点で説明しても評価されないことが多い。そこで、転職先の企業から見たらどういう言い方をすると高く評価されそうか、相手視点に切り替えて考える。

第3節　自己PR対策②　企業の求人票を研究せよ

33　答えは「求人票」の中にあり

「自分視点ではなく、相手視点で語るのが大事ってことだよね？　企業目線というか」

「そう、その通り。田中君が考える、食品メーカーの営業の仕事で重要視される要素や評価されるポイントは、ＩＴ企業のデジタルマーケティングにそのまま持っていっても通用するとは限らないだろ？　だから、ＩＴ企業のデジタルマーケティング責任者だったら、どういう仕事ができる人を求めているのか、真剣に考えて評価されそうなキーワードや表現を使うんだよ」

「うーん、理屈は分かるんだけど」

「何だよ？」

「そんなの現実的に無理じゃない？　僕は今まで、食品メーカーで営業をやってきたから、自然とその視点で自分の仕事を説明することになるでしょ？　逆に言うと、それ以外の経験はないし、それ以外の視点は持ってないよ。ＩＴ企業の偉い人が何を求めているかなんて、考えても出てこないんじゃない？」

「それはね、ゼロから自分の頭だけで考えるわけじゃないよ。自分一人で全部生み出すのはさすがに難しい。だから、**求人票を見るんだ**」

「求人票？　中途採用の応募要項ってこと？」

「そうさ。各採用ポジションごとに、『求める人材』『必須条件』『歓迎条件』などの記載があるだろ？　それをよく読んで、そこに書いてあるキーワードを参考にしながら、自分の経歴の説明に同系統のワードを取り入れていくんだ」

「求人票に書いてある言葉を真似するってこと？」

「そのまんま真似するといやらしいから丸パクりはダメだよ。でも、求人票は採用担当者が書いているから、その業界／職種の人たちの言葉で書かれているんだ。だから、それと共通する感覚で自己ＰＲを書けないと、その人たちの視点では評価に値しないってこと」

「なるほどー」

「さっきの例、

・転職先が「ＩＴ企業のデジタルマーケティング」で、プロジェクト管理能力が求められる場合
・転職先が「ヘルスケア業界のコンサルタント」で、課題解決スキルが求められる場合
・転職先が「教育業界のマーケティングマネージャー」で、クリエイティブな新規アイディアが求められる場合

で挙げた『相手視点』はね、全部、求人票の中から持ってくるんだ。さすがに、企業が何を求めているのかって、何もないところから想像しても分かるわけがないからね。求人票の具体的な記載の中から、『企業側の視点』で評価される人材像を導き出し、そのイメージに自分自身を寄せていくんだ」

「自己ＰＲに必要な要素の元ネタが、求人票を見れば書いてあるってことだね」

34 転職エージェントから情報を得られることもある

「職務経歴書ってさぁ、転職エージェントに添削してもらうこともできるんだよね？」

「できるか・できないかの二択で言えば、できるよ」

「なんだか嫌な言い方だなぁ。どういうことなの？」

「転職エージェントのサービス紹介文などには、よく『職務経歴書の添削』と書いてある。でも、実際には、そんなに丁寧に添削してくれるエージェント担当者はほぼいないんじゃないかな」

「なにそれ、ウソつきだな」

「ウソとは言い切れないよ。絶対にやらないというわけではないし、一応、求職者一人ひとりの職務経歴書を企業に送る前にチェックはしているわけだし」

「転職エージェントにお願いしたら、イイ感じに高評価をもらえる書類にパパっと仕上げてくれるんじゃないの？」

「そんな都合の良い話があるわけないよ。もう、田中君は楽をすることばかり考えるんだから」

「えー、転職エージェントは業界のプロなんだから、書類添削くらいしてくれてもいいじゃないか。ケチだなぁ」

「そこが問題なの。エージェントは別に人材業界のプロでも、転職活動のプロでもないよ。田中君は営業職だけど、自分のことを営業のプロだと思っているかい？」

「営業のプロ？　そんなわけないだろ、この僕が」

「それと一緒だよ。その業界で働いているというだけで、知識豊富で経験やスキルがあるとは限らないだろ？　転職エージェントに頼るべきは、書類の添削とかそういう部分ではないんだよ」

「他の部分なら頼りになるってこと？」

「例えば、さっきから言っている『**視点**』の話。**田中君の仕事の経験は、あくまで田中君の中にある**ものだから、エージェントに代わりに書いてもらってもなかなか良いクオリティにはならないし、**エージェントが作った職務経歴書で書類選考を通過しても、面接で深掘りされたらボロボロになってしまう**」

「たしかにそうだよね」

「でも、田中君の**職務経歴書に企業側の視点を取り入れる作業をエージェントに手伝って**

もらうのは、かなり有効だと思うよ」

「エージェントに、『こんな感じに書いたんだけど、どうですかねぇ』って見てもらうということ?」

「そうじゃないよ。それは添削。意味がない。添削や書類のチェックではなくて、ネタ探しの部分さ。転職エージェントの中でも優秀な担当者なら、『このポジションは特に英語力が重視されています』とか、『ある程度若くて行動力のある人が欲しいみたいですね』といった裏情報を教えてくれることもあるんだ。だから、その人物像のイメージに自分を寄せていく」

「へー、なんだかカンニングみたいだなぁ」

「**求人票を見ただけでは絶対に分からない、貴重な裏事情を教えてくれるエージェント**も実際にいるよ。まあ、ごく一部の優秀な担当者に限った話だけどね」

◉このパートのまとめ

33　答えは求人票の中に書いてある

求人票の記載の中から、「企業側の視点」で評価される人材像を導き出し、そのイメージに自分自身を寄せていく。求人票は採用担当者が書いているので、その傾向に合わせて自己ＰＲを練るのが大事。

34　転職エージェントのキャリアアドバイザーが「企業側の視点」を教えてくれるケースもあるので、面談時や求人紹介時に質問してみるのも良い

ただし、こういった情報をくれるのは、企業とのパイプが太い一部の優秀なエージェントだけ。書類の添削をしてもらうのは、あまり期待しない方が良い。

第4節　自己PR対策③　背伸びはするな、等身大も見せるな

35　減点要素はあえて書かなくていい

「職務経歴書の書き方なんだけど、ちょっと気になっていることがあって……」

「何？」

「僕、実は入社1年目の冬に体調を崩して、2か月くらい休職していたことがあるんだけど、それって正直に書かなきゃダメかな？」

「書かなくていいよ」

「え？」

「1行も書かなくていい」

「でも、それだと経歴詐称にならないかな？」

「ならないよ。経歴詐称っていうのは、事実と異なるウソを書くことだろ？　書かなくて

もいい不要なことを書かないのを、別に詐称とは呼ばない」

「休職歴って、書かなくていいの？」

「職務経歴書の内容って、これを絶対に書けとか、これは書くなとか、明確なルールはないんだ。別に何の法律もないし、書式フォーマットも自由だろ？」

「でも、後で休職してたことがバレたら、ヤバくない？」

「それはケースバイケースだよ。田中君の休職は、入社1年目の頃ってことは3年近く前だろ？　そんな前のことを、別にいちいち書かなくていいよ。書いても評価が下がるだけだし、**減点要素をわざわざ自分からさらけ出すことはない**」

「ケースバイケースってことは、書かないといけない場合もあるってこと？」

「例えば、現在病気休職中の人とかは書いた方がいいかな。現時点で復帰できていないということは、転職後の仕事にも多少は影響があるだろうし、体調の不安とか、残業があまりできないとか、そういう具体的に業務に支障が出る可能性のある場合は、きちんと自己申告しないとダメなんだ」

「なら、僕は書かなくても大丈夫かな。休職は3年前の話で、もう今は何も仕事に支障はないから」

「そういうこと。例えば、今の職場では何回も遅刻しましたとか、大きなミスをやらかして始末書を書きましたとか、いちいち自己申告しないだろ？　入社試験に合格したくてやっているんだから、減点要素はわざわざ書かなくていいんだよ」

「そんなもんかぁ」

「もちろん、もし万が一、『病気休職の履歴はありますか？』と面接で確認されたら、正直に答えないとダメだよ。そこで『ありません』と言うと、経歴詐称になるから」

「えー、そうなの？」

「さっきも言っただろ。事実と異なるウソをつくのは経歴詐称。でも、事実を全部自分から言う必要はない。あえて言っていないことがあっても、入社後の仕事をこなすのに何の影響もないなら、別にそれを詐称とは呼ばない」

「向こうから聞かれるまでは、いちいち自分で言わなくていいということなんだね」

「もし、休職していたのがほんの数か月前の話だったら、源泉徴収や社会保険の履歴でバレたりすることもあるから、自分から言っておいた方がいい場合もある。その辺りはケースバイケースだね」

36 人事異動や担当変更などを細かく書かない

「あとね、職務経歴書に人事異動やら部署異動やら、細かく全部書く人がいるけど、そういうのも実は要らないんだ」

「え？ それって職務経歴の一部だから、細かく書かないといけないんじゃないの？」

「うーん。例えば、職種が大きく変わっていたり、扱う商材が全然別の物に変わっている場合は、ある程度書いておいた方がいいかな。実務内容や経験年数の評価に関わることだから。でも、部署内の担当変更とか、組織変更で部署の名前が変わっただけとか、そういうのをいちいち全部書かれたって企業側の評価者も困るわけ」

「なんで？ 判断材料として情報は多い方がいいと思うけど」

「それは違うね。情報は、採用判断に必要十分な量があればいい。余計な情報が多く含まれていると、逆に判断が難しくなって迷惑なんだよ。結果的に、分かりづらい書類に見えるから通過率も下がるよ。**書類選考は、職務経歴の内容を見ていると同時に、書類作成能力を見るテストでもある**から」

「えぇぇぇぇぇぇぇ！ そんなの初めて聞いたよ！」

「いやいや、別にそんな大げさな話じゃなくてさ。企業側で『書類の書き方』の評価項目が用意されているわけじゃないんだけど、ちょっと考えたら分かるだろ？　ある人の職務経歴書は簡潔に要点がまとまっていて、レイアウトも見やすくて分かりやすい。もう一人の職務経歴書は、文字数が多すぎてごちゃごちゃしていて何が言いたいのか分からない。その上、やたらと誤字脱字が目立つ。この二人のうち、どっちを面接に呼びたい？」

「あ、そうか……」

「そういうことだよ。とにかく**応募書類は簡潔に分かりやすく書く**のが大事なんだ。そのためには、**書き方や言葉遣いだけではなく、情報を絞ることも必要。余計な情報をダラダラと書かない**。これは提出前の要チェック事項だよ」

「どうやってチェックすればいいの？」

「具体的な確認項目は、こんな感じかな」

◎職務経歴書に書いておいた方が良いこと

・所属する業界と企業概要
・担当業務と経験年数

・取り扱い経験のある商材
・海外経験の有無など、転職先の業務に活かせそうな内容
・管理職経験（あれば）
・「対前年＋○○％」「○○○万円規模のコストダウン」など、客観的な数字の実績

◎職務経歴書に書かなくて良いこと

・細かい組織変更や担当変更
・非管理職→非管理職への昇進など、社外から見てあまり意味のない実績
・兼務や労働組合の担当など、実務経験とは言えない仕事の内容
・「漢字検定３級」など、入社後の業務に直接関係のない資格
・「社内表彰３位」「予算達成」など、社外の人には分からない内容

◉このパートのまとめ

35　病気休職の履歴などマイナス評価になりそうな内容を、自分から全部書類に書

く必要はない

もし面接で聞かれた場合に答えられるようにしておけばいい。ただし、体調不良の傾向や通院の必要性など、日々の業務に配慮が必要な場合や、仕事に具体的な支障が出る可能性のある場合は、事前に申告しておかなければならない。

36 職務経歴書に記載する内容は企業から見て評価に値する内容だけに絞り、簡潔に書く

意味のない内容をダラダラと書いても評価が下がるだけ。職務経歴書のビジネス文書としての完成度が書類選考の評価に響くことも多い。書類が長すぎたり、読みづらかったり、誤字脱字があったりしないように気をつける。

第4章

「強み」がない人の面接対策

第1節　とっておきの面接テクニック

37　志望理由が思いつかないときは？

「まだ実は、心配事があるんだけど……」

「田中君は心配事しかないな、本当に」

「うるさいなぁ。転職デビルは、何でも質問に答えてくれるためのＡＩアプリなんだろ？　文句言わないで教えてくれよー」

「もちろん、教えるよ」

「面接のときに話す志望理由なんだけどさ……」

「志望理由？　そりゃまあ、基本中の基本だよね。確実に聞かれる質問だし」

「その志望理由が、思い浮かばないんだ」

「田中君、いったい何を言っているんだ？」

「だから、志望理由が何もないときは、どうやって考えればいいのかなって」

「志望理由がないなら、面接を受けるなよ。入りたくない会社に入っても意味ないだろ？」

「そうなんだけどさー。実際、絶対ここに入りたい！　っていう会社は、そう簡単には見つからないだろ？　転職デビルも言ってたでしょ、やりたい仕事を追いかける必要はないって。現時点で応募できる中から、比較的合いそうなところを受ければいいって」

「言ったよ、田中君。でも、それは別に、入社したい理由が何一つない会社を闇雲に受けまくれという話ではないよ？　元々はいくつかあった応募先の選択肢の中で、他と比べたら多少は興味を持ったから、その会社の面接を受けるんだろ？　志望理由が完全にゼロってわけではないはずだよ。もし本当に何もないなら、応募しない方が良い」

「うーーーん、でも、正直『勤務地が希望に近いから』とかしか考えられなくて。そんなの面接で言うことではない気がするんだよね……」

「最悪、それでも構わないよ。大事なのは、**現職の会社の退職理由と、次の会社の志望理由を上手にリンクさせる**ことだ」

「なにそれ？　どういうこと？」

「転職先の会社は、**せっかく苦労して雇った人に、入社してすぐ辞められるのが一番嫌**なんだ。だから、採用面接では志望理由と一緒に、現職の退職理由もほぼ必ず聞く。**なぜ今の会社を辞めようと思ったのか**、ってことね。そのとき例えば、『今の会社は全国転勤の可能性があるのが嫌で、退職を考えています』という退職理由と、『御社のオフィスは首都圏のみで地方転勤がないので、落ち着いて長く働けると思いました』みたいに志望理由がリンクしていると、説得力が生まれる。また同じ理由ですぐに辞めてしまうことはないんだなって」

「なるほどね」

「もちろん、勤務地だけが唯一の志望理由だとちょっと弱いから、それ以外の理由も付け足した方がいいけどね。『転勤なし・同等の年収という条件で、今と同じ業界、近しい商材で経験を活かせそうだと思ったのが御社でした。また、最近の御社の社内の取り組みにも惹かれました』みたいな感じかな」

「ふーん」

「大事なのは、**退職理由と志望理由がリンクしている**こと。今の会社はここが合わなくて辞めました、これが実現できなくて辞めましたという明確な理由と、それと同じ問題は御社なら起こりません、御社の仕事でならきっと解決できますという説得力のある説明ができないと、『また嫌になって辞めるんじゃないか』と思われがちだから」

「退職理由と志望理由はセットで考えるってこと？」

「そうだね、そういう感覚を持つのがいいかもしれない」


【例①】
・**退職理由**：現職の会社では、長時間労働が常態化しており、ワークライフバランスを保つことが難しい状況です。このため、家族との時間を持つことができず、健康面でも不安を感じています。
・**志望理由**：御社は、従業員のワークライフバランスを重視しており、労働時間の管理や福利厚生が充実している点に惹かれました。これにより、より健康的で充実した生活を送りながら、長期的にキャリアを築くことができると確信しています。

【例②】
・**退職理由**：現職の会社では、業務内容がルーチンワークに偏っており、新しい挑戦やスキルアップの機会が少ないため、成長を実感できない状況です。もっと成長し、スキルを磨きたいという気持ちから退職を考えています。

・**志望理由**：御社は、社員一人ひとりの成長を支援する体制が整っており、研修制度や社内公募など長期的なキャリアパスが充実している点に魅力を感じました。これにより、自分のスキルをさらに高め、新たな挑戦に取り組むことができると感じています。

［例③］

・**退職理由**：現職の会社では、業績が不安定であり、業界全体も斜陽産業であるため、将来的な雇用の安定性に不安を感じています。より持続性のあるビジネス環境で経験を積み、同系統の職種業種で長く働きたいという思いから、転職を考えています。

・**志望理由**：御社は、国内屈指の成長産業に属しており、かつ業界内での確固たる地位を築いているため、強固な経営基盤を持っている点に魅力を感じました。安定した企業で、長期的にキャリアを築きたいと考えたため、志望いたしました。

38　アイスブレイクでなぜ「天気の話」をしてはいけないのか

「田中君さ、もし一次面接に呼ばれたら、最初にどんなことをしゃべる？」

「それは……元気よく自己紹介とか？」

「まあ、間違ってはいないけど、それだとほとんど大学生の就活レベルだ。いきなり自己紹介から入るのはちょっと堅苦しいよね。**中途採用の面接って、「試験」というよりは「ビジネスの打ち合わせ」に近い雰囲気で進むんだ。**大きめの会議室の真ん中にポツンと小さな椅子があって、その横に立って丁寧にお辞儀をするところからスタート……という形式ばった面接はかなり稀で、もうちょっと普段の社内会議などに近い。そうすると、何か**アイスブレイク**、欲しくない？」

「アイスブレイク！　僕の苦手なやつだ……」

「田中くんは、例えば会社の打ち合わせだと、アイスブレイクで相手にどんな話題を振る？」

「あんまり考えたことないけど、無難に天気の話とか？」

「それダメ!!　絶対ダメ!!　ダメ絶対!!　センスゼロ！　マイナス5億点！」

「えー、そんなに全否定しなくても」

「いいかい？　**アイスブレイクで天気の話をするというのは、もっともコミュ力の低いヤ**

ツがやることだ。絶対ダメ!! ダメ絶対!!」

「じゃあ、どうすれば……? 何か良い話題があるの?」

「例えば、その会社の最新ニュースや、業界の大きな動きとか、そういうのを事前に拾っておいて、ちょっと話題に出すんだよ。それだけでいい」

「その会社のニュース?」

「中途採用の面接に来た人が、いきなり『あ! そういえば、創業50周年おめでとうございます!』とか言い出したら、面白くない?」

「面白いというか、予想外でびっくりしそう」

「それが大事なんだよ。面接官は『コイツ、よくそんなこと知ってんな!』と思うわけ。もちろん、これを言ったからといって何か決定打になるわけではないけどさ、どう思う? 面接の最初に『最近、ちょっと寒くなってきましたねぇ〜』って話をし始めるヤツと、同じタイミングで、どう考えても会社の中の人しか気にしていない『創業50周年の話』をするヤツ。面接終わった後に、どっちが記憶に残る?」

「それは、間違いなく、『創業50周年の話』の方だね」

「結局、面接だってなんだって、コミュニケーションは相手を楽しませたもん勝ちなんだよ。会社の創業50周年なんて、社外の人はだーーーれも気にしていないけど、社内では一大イベントのお祭り騒ぎだ。こういうネタを事前に仕込んでおくと、相手からの『仲間意識』を獲得しやすい」

「なるほど」

「採用判断って最終的には、**『この会社のメンバーとして違和感なくなじめそうか』**が一番大事だからね。そういう**『中の人が仲間意識を持ってくれそうなネタ』**をいくつか仕込んでおくと、初対面でも一発で気に入られるキラーフレーズになり得るんだ。もちろん、『創業50周年』というのは単なる例えだよ」

・「拝見しましたよ、先週の新製品発表会のニュース！　豪華イベントでしたね！」
・「そういえば、御社は最近、社長が交代されたんですね！　大きな節目ですね！」
・「つい数日前の、〇〇社と△△社の吸収合併、あれはびっくりしましたね！」

「中身は何でもいいから、こういうネタを事前に仕込んでおいて、相手の雰囲気に合わせて出せるようにしておくと、好感度アップのチャンスになるよ。ただ、あまりやり過ぎると引かれて逆効果になるから、その場の空気を読みながら適当に加減はしてね」

39 面接本番の緊張を取り除く方法

「面接かぁ、正直ちょっと自信がないなぁ」

「なんでそんなに、いちいちネガティブなんだよ？」

「僕、昔から口下手だし、陰キャだし、オタクだし……」

「関係ないよ。私なんて悪魔だぞ？」

「悪魔っていうか、クマじゃないか」

その小さな瞳は、悪魔と呼ぶにはまったくギラついていない。コイツはかなりの毒舌だが、見た目はゆるキャラにしか見えない。

「田中君さぁ、そんなこと言い出したら、世の中のほとんどの人は口下手なんだよ。お笑い芸人やイベント司会者みたいにペラペラ話せるのは、ほんの一部の人だけだ」

「え？　そうかなぁ」

「口下手って言っても、普段の仕事で打ち合わせくらいはあるだろ？　そこで普通に話せるのなら大丈夫だよ。言っただろ？　中途採用の面接は少人数の打ち合わせに近い雰囲気だって」

「打ち合わせはするけど。でも、社内の顔見知りの人たちと仕事の話をするのと、初対面の相手から試験として質問を浴びせられるのって、感覚的には全然違うと思うんだよなぁ。絶対緊張しちゃうよ」

「**緊張するのって、なんでだと思う？**」

「初対面の人だから？」

「違うよ。一言で言えば、**準備が足りないから**だ」

「準備？」

「例えばさ、社内の知っているメンバーとの打ち合わせだとしても、参加者全員が10歳以上年上の管理職で自分一人だけが平社員。なぜその場に呼ばれたのか、まったく分からない……っていうシチュエーションだったら、緊張するだろ？」

「怖いこと言うね。そりゃ緊張するだろうよ」

「社内の顔見知りが相手なら緊張しないで済むとか、初対面だと緊張するとか、そういう話じゃないんだ。事前準備がしっかりできていて、『何を聞かれても大丈夫だ』という自信があれば、そんなに緊張することはない」

「そうかなぁ？　僕、極度の緊張しいだからなぁ」

「もちろん、完全に緊張感ゼロにはならないよ。でも、準備が万全なら、焦って早口になってしまったり、頭が真っ白になって言葉が出てこなくなったりすることはない。それに、適度に緊張するくらいでちょうどいいんだ。あまりにも緊張感がなくて、ダラダラした態度に見えても良くないし。面接官から見て、ビシッと堂々としていて真面目そうな印象を与えられれば、それでいいんだよ」

「ビシッと堂々、かぁ。僕にできるかな？」

「少なくとも、自分は口下手だから、陰キャだから、コミュ力が低いから、みたいな言い訳はしちゃダメだ。それはまったく関係がない。口下手でも構わないんだから」

「え？　本当？」

「別に、性格を変えろとは言わないよ。田中君は陰キャのオタクなのに、いきなり陽キャのチャラ男になって路上でギャルをナンパしてこいとは言わない。面接の45分か60分くらいの間だけ堂々とできるように準備しておけばいいんだ。その時間だけ持てばいい。**面接中だけで構わないから、『その企業が欲しがる人材』になり切る**んだ。事前準備がしっかりできていれば、きっとできる」
「もっと詳しく教えてくれよ。その事前準備のやり方ってやつを」

◉このパートのまとめ

37　志望理由は退職理由とセットで考える

今の会社を辞めた理由が何で、それが転職先の会社であれば解決できるという説明をうまくできると、同じ理由でまた辞めることはなさそうだな、と面接官を安心させることができる。

38　中途採用の面接は入社試験というよりビジネスの打ち合わせのような雰囲気で進んでいくことが多い

その会社の最近のニュースなど、アイスブレイクに使えそうな小さなネタを事前に仕込んでおくと、意外と評価されたり、相手に親近感を持ってもらえたりする。

39 面接で緊張するのは準備が足りないから

自分は口下手だから、性格が明るくないから、コミュニケーション能力が低いから、と最初からあきらめてはいけない。事前準備さえしっかりとできていれば、面接の時間中だけ自分を堂々と見せることは可能なはず。

第2節　面接での評価を上げる工夫

40　過去の実務経験を説明する際のポイント

「面接の事前準備はね、基本は企業研究がメインだね」

「企業研究？　自己ＰＲとか、過去の仕事内容の説明じゃなくて？」

「企業研究と自己PRは表裏一体なんだよ。**自己PRというのは相手から評価されるためにやるもの**だろ？　だから、**相手が求めているものが何かを本気で考えるん**だ」

「え？　自己ＰＲって自分の得意分野を説明するものじゃないの？」

「田中君は、得意分野が何もないんだろ？　どうやって説明するんだよ？」

「ウッ……」

悪魔が放った矢は、僕の心を貫いた。そうだ、僕には強みがない。何一つ強みがないんだった。

「で、で、でも、強みがなくても転職できるんだろ？　そう言ったじゃないか！」

「そうだよ。だから、それを説明しているんだよ。自分の強みは何か、得意分野は何か、仕事の実績は何か、と考えても、たいしたものが出てこない人もいる。よく、『自己分析でキャリアの棚卸をする』とか言うけどさ、何も入っていない棚を一生懸命探したって、ないものはないだろ？」

「そうさ、僕には強みなんて何も……」

「だからさ、自分のところで頑張って探すんじゃなくて、**相手のところを探すんだ**」

「相手のところ？」

「つまり、転職希望先の企業や業界だね」

「どういうこと？」

「書類選考の話と同じさ。自分目線ではなく、相手目線で話をするのが大事なんだ。その『相手目線』を手に入れるために、企業研究や業界研究をするんだ」

◎過去の経験の「言い換え」と「抽象化」

一見あまり関係なさそうな仕事同士でも、類似性や共通点をうまく見つけて、「過去の仕事の経験を転職先でも活かせる」というアピールをする。

◎過去の経験の「置き換え」と「強調」

自分が過去にやってきたことを説明するときに、転職先の企業から見たらどういう言い方をすると高く評価されそうか、相手視点に切り替えて考える。

「求人票の中から、求める人材像を探すってやつ？」

「そう。過去の仕事内容を振り返って、何が売りにできるか分からないときは、求人票を見たり、企業の採用サイトで『求める人材像』などを細かくチェックするんだ。自分の強みは何かではなくて、相手が求めているものは何かを見極めて、面接の場では徹底的にその人物になり切るんだよ」

「？？？」

「それなら、自分が何を持っているかはそこまで関係がないだろ？　相手が欲しいものを見極めて、『自分、それ持ってるッス！』ってアピールすればいいんだから」

「ごめん、全然分からないよ。ついていけない。企業側の『求める人材像』をちゃんと理解するのが大事っていうのはその通りだと思うけど、肝心の自分自身が『相手の求める人材』じゃなかったら、どうするんだよ？」

「そこの擦り合わせが大事なんだ」

「擦り合わせ？」

「つまり、**自分が持っているものを、相手が欲しいものに変える**作業だ」

「どういうこと？」

「それこそが、**転職活動における言語化のスキル**なんだ。『自分はこれを持っています』とこっちから自慢をするのではなくて、相手の『これを持っていますか？』という質問に『はい、持っています』と答えられればいいってこと。**企業の『求める人材像』に自分の方を合わせにいくんだ**」

「合わせられなかったら？　相手が欲しいものを自分が持っていなかったら？」

「たいていの場合、合わせられるよ」

僕には、まだ転職デビルの話が理解できなかった。自分自身が何の強みも持っていないのに、相手が欲しいものを「持っています」と言う？　そんなの、現実的に不可能なんじゃないか？

なんだか、迷宮に迷い込んでいるような気がしてきた。

41　「○○の業務経験はありますか？」に何と答えるか

「仮に、企業の求める人材像が『既存の枠組みにとらわれず新しい挑戦ができる人』だとするだろ？　求人票にストレートにそう書いていることもあるし、面接の場で**『何か業務の中で新規提案をした経験などはありますか？』**みたいに聞かれることもある。割とよくある質問の仕方だ。それに対して、自分の過去の仕事の中で一番近いものを思い出して答えるんだ」

「でも、『既存の枠組みにとらわれず新しい挑戦』なんて経験、僕にはないよ？　現実的に、そういう経験がなかったら『ありません』としか言えないんじゃないの？」

「もう散々説明しただろ？　それはあくまで言語化の問題なんだ。企業側だって求人票を書くときにはキレイな言葉でカッコつけるけど、日々の仕事はもっと泥臭くて平凡なものなんだから」

「例えば？」

「例えばさ、『今まで業務で使っていたエクセルのフォーマットを改善した』ってだけでも、『既存の枠組みにとらわれず新しい挑戦をした』と言えないこともないよ」

「えー、それ、『新しい挑戦』なの？　エクセルの書式を変えただけで？　なんだかショボくない？」

「そりゃ、『エクセルのフォーマットを改善した』って言い方のままだと、さすがにショボいよ。でもさ……、

・**問題点の所在**：なぜ、そのフォーマットを変更する必要があったのか？　過去のものを使い続けていた場合、どんな問題があったのか？
・**意思決定プロセス**：新しいフォーマットを作るときに、何に気を付けて、どうやって項目の数や内容を決めていったのか？　周りに意見を求めたことはあったか？
・**結果と具体的成果**：そのフォーマットを作ったことによって、具体的にどんな改善効果があったのか？　それを数値化することはできるか？

こういう細部まで、きちんと言語化することができれば、それは十分な自己ＰＲになる

んだよ。相手が求めている『既存の枠組みにとらわれず新しい挑戦ができる人』という人材像に沿って、自分の経験をあらためて再構築するんだ。『新しい挑戦』という視点で説明すると、過去の仕事内容はどういう風に言い替えられるのか、ってこと」

「なんだか難しいなぁ」

「そんなことはないよ。元ネタは『エクセルのフォーマットを改善したこと』に過ぎないんだから。別に言うほど大それたことじゃない。例えばね……」

・**問題点の所在**：私の現職での「業務改善担当」としての実績は、社内で長く課題になっていた非効率な備品管理プロセスを抜本的に改善したことです。備品の棚卸チェック表が種類別にバラバラだったため、四半期に一度の棚卸作業の度に、どの備品にどのフォーマットを使うのかが分かりづらく、無駄な時間がかかってしまっていました。

簡単に言えば、フォーマットを統一すれば済む話なのですが、過去5年以上同じ表で管理をしていたためフォーマットを変えると過去の履歴を追いづらくなるのと、他業務が忙しくてあまり手間を掛けられないという事情もあり、それまで放置されていました。

・**意思決定プロセス**：しかし、一度フォーマットを作り直してしまえば、長期的に棚卸時期のメンバーの残業削減にも確実につながると考え、私から上司に改善提案をしました。上司としても、メンバーの残業時間削減には以前から悩まされていたため、承認をもらえました。新フォーマットの作成は、先輩や担当者の意見を聞きつつ、何度か上司にレビューしてもらいながら進めました。

・**結果と具体的成果**：新しいフォーマットを導入した後、最初の棚卸の際には、私が部署全体に各項目を説明し、入力項目や確認内容などを理解してもらいました。その結果、2回、3回と棚卸の度に所要時間が減っていき、1年後には棚卸期間の部署メンバーの深夜残業をゼロにすることができました。以前は、棚卸時期には多くの人が深夜も残っていたので、これは大きな成果だと言えます。このように、従来の常識にとらわれず柔軟な業務プロセス改善ができる能力は、御社でも必ずや活かせると考えております。

「ほら、『エクセルのフォーマットを改善した』だけだと若干ショボいけどさ、こういう風に説明すれば、真剣に考えて仕事をしているんだなってことが伝わるだろ？」

「たしかに、それっぽく聞こえるかも」

「実際にはたいした業務内容じゃなかったとしても、こうやって**細部までしっかり言語化**すれば、相手からはそれが『強み』に見えてくるかもしれない」

42 詳細まで言語化できれば評価は付いてくる

「今の例は、企業が求める人材像の『既存の枠組みにとらわれない新しい挑戦』という要素に合わせて、自分の業務経験の一つである『エクセルのフォーマット改善』をあらためて言語化し直したものだ」

「でも、やっぱり僕には難しいかも……」

「難しくないよ。田中君は、自己ＰＲの仕方が分からないって言うけど、どういう説明の仕方をするかは企業の求人票や採用サイトから引っ張ってくればいい。『求める人材像』をよく読めば、最初から答えが書いてあるんだから、簡単だろ？

　それに、自分にはたいした強みも実績もない、というのも関係ない。相手が欲しいものに合わせてアピールする内容は、そんなにたいしたものじゃなくていいんだ。ものすごい実績とかじゃなくて、普通の業務内容でかまわない。相手が欲しいものに合わせて、詳細まで説明できれば、それでいいんだ」

「普通の業務内容でいいの？　本当に？」

「そうさ。きちんと相手に分かりやすく、順序立てて説明できれば問題ない」

「他にもいくつか例を挙げようか」

転職デビルは、スマホの画面に四つの例を示した（177～178ページ参照）。

「田中君、分かるかい？　これらの自己ＰＲの元ネタは、業務引継ぎのためのマニュアルを作ったことや、会議の運営係になったことなどだ。一つひとつの仕事の内容は、別に何もすごいことではない。どう考えても、エリートでもハイスペックでもない。でも、こうやって詳細まで言語化していくと、強みや成果としてアピールすることは可能だろ？」

「うーーん、なるほど。たしかに、ここまでやれば立派なビジネスの経験だと思えてくるかもね」

「ほらね、『明確な強みや実績がある人』と『強みも実績も何もない人』の境目なんて、この程度のものなんだ。要するに、大事なのは言語化だ。**自分が持っている何でもない平凡なものを、相手が欲しくなる魅力的なものに変える**スキルなんだよ」

［**例 1**］

●**求める人材像**：効率化とコストを意識した組織運営、業務サポートができる人

●**経験**：オフィスで使用する文房具のまとめ買い

・**問題点の所在**：現職での主な実績は、事務用品のコスト削減により、経費を削減し、企業の利益に貢献したことです。従来は事務用品の購入ルートが部署ごとにバラバラで、コスト管理意識も甘く、購入後に長期間使っていない備品が多くありました。

・**意思決定プロセス**：まず、事務用品の使用状況を調査し、無駄な支出を特定しました。次に、一括購入によるコスト削減策を提案し、業者との交渉を行いました。さらに、必要な物品のリストを作成し、無駄のない購買管理を徹底しました。

・**結果と具体的成果**：その結果、事務用品のコストを年間で 6%削減することができました。また、この取り組みを社内報に掲載してもらって周知することにより、業務の効率化とコスト管理の重要性を全社に認識させることができました。

［**例 2**］

●**求める人材像**：常にカスタマーファーストで考え、業務改善を徹底できる人

●**経験**：自社商品の FAQ ページに項目追加

・**問題点の所在**：現職での主な実績は、カスタマーサポートの強化により、顧客満足度を向上させたことです。従来の対応窓口の体制は不十分で、顧客からの問い合わせに対応しきれておらず、長時間お待たせしてしまう日も多くありました。

・**意思決定プロセス**：まず、自社ウェブサイト内の FAQ ページを充実させ、コールセンターに電話を掛けなくても顧客が短時間で自己解決できるように促しました。次に、コールセンター問い合わせ時の待ち時間に流れる自動音声対応に「ホームページによくある質問を多数掲載しておりますので、そちらもご参照ください」と流すことで、FAQ ページへの誘導を促しました。

・**結果と具体的成果**：その結果、コールセンター部署全体の問い合わせ対応時間が月間で 3%短縮され、電話対応終了後に 5 段階で評価される顧客満足度アンケートの結果も、3.8 から 4.3 まで向上しました。これは過去 3 年間では最も良い結果でした。

［**例3**］

●**求める人材像**：社内複数部門のステークホルダーと円滑に連携ができる人

●**経験**：他部署と合同の週次会議の運営係になったこと

・**問題点の所在**：私の現職での主な実績は、定例進捗会議の導入により、部署間の連携を強化したことです。従来はメールでのやり取りが主で、情報の共有や迅速なコミュニケーションが難しい状況でした。部署横断的な連携もほぼありませんでした。

・**意思決定プロセス**：社内のコミュニケーション課題を洗い出し、異なる部署間の情報共有の場を週次、もしくは隔週で設けた方が良いのではと考えました。これを上司に提案し、承認を得た後、上司から管理職会議で関連部署の部門長にも共有してもらい、まずは試験的にやってみようとスタートしました。

・**結果と具体的成果**：定例会議の導入後、情報共有が漏れなく即時に行えるようになり、プロジェクトの進行がスムーズになりました。部署間の交流も増え、昨年度は複数部署横断の新規取り組みを2つ立ち上げることができました。私の提案がきっかけで、組織の横の連携が取れるようになったと考えています。

［**例4**］

●**求める人材像**：成果にコミットして、目標とする数字を追求できる人

●**経験**：店頭の商品陳列棚の改善

・**問題点の所在**：私の現職での主な実績は、店舗ディスプレイの改善により、売上を向上させたことです。従来のディスプレイは整理が行き届かず、顧客の関心を引きにくい状況でした。また、長期間代わり映えのしない店頭状況なので、リピーター層が来店時に感じる新鮮味にも欠けていたと考えられます。

・**意思決定プロセス**：まず、顧客の動線を観察し、目を引く商品配置を考えました。次に、季節やイベントに合わせたテーマを設定し、ディスプレイを定期的に変更しました。さらに、他のスタッフと協力して私の担当コーナー以外でも店舗全体で統一感のあるディスプレイを維持しました。

・**結果と具体的成果**：その結果、顧客の注目を集めることができ、担当商品の月間売上がディスプレイの変更前後で12%向上しました。また、店舗全体の売上も前年比で8%増加し、チーム全体へのたしかな貢献もできたと考えております。

◉このパートのまとめ

40　自己ＰＲは自分目線ではなく相手目線で話をするのが大事

その「相手目線」を手に入れるために、企業研究や業界研究をして、企業側が求める人材像に自分自身がなり切る。

41　企業分析、業界分析などによって、「求める人材像」を理解し、それに対して「私にはその経験があります」と言える形で過去の経験を再定義・再構築して言語化していく

この「自分が持っているものを相手の欲しいものに変える技術」が、転職活動では大事。

42　「強み」がある人と「強み」がないように見える人との間に本質的な実力の差はない

自分が持っている何でもない平凡なものを、相手が欲しくなる魅力的なものに変える言語化のスキルが大事。

第3節　内定オファーを勝ち取るのは「コミットメントの強さ」

43　最後の決め手はスペックや経歴ではない

「強みって、資格や英語スキル、管理職経験みたいな見栄えの良いものだけじゃないんだね」

「そうだよ。**あらゆる経験は強みになる。自己PRの仕方次第でね。相手目線で、相手が欲しがるものに合わせて自分の経験を語れば、それは君の強みになるんだ**」

「この方法を使えば、僕でも内定がもらえる？」

「内定が出るかどうかは、最終的な企業側の判断だよ。それはケースバイケースだ。絶対に内定が出るとは言えない」

「なんだよー。転職デビルは、確実に内定を取る方法を教えてくれるんじゃないのかよー」

「アホか、君は？　確実に内定を取る方法なんて、存在しないよ」

「そんなの分かってるよ。分かってるけどさ……」

「仕方ないなぁ」

「え？　教えてくれるの？」

「これから教えるのは、確実に内定を獲得する方法ではない。けれど、**採用プロセスの最後の最後で合否を分ける要素**ではある」

「何？　それは」

「そう簡単に答えを求めないで、少しは自分で考えてほしいんだけどなぁ。ところで、田中君は最近何か大きな買い物した？」

「えー、何の話だよ？　早く内定獲得の決め手を教えてよー」

「いいから、いいから。大事なことなんだよ。この半年くらいの間に何か高価なもの買った？」

「僕、お金ないからさー。そんな高いものは買わないよ。この前、古いパソコンが壊れたから買い替えたくらい。あれは痛い出費だったなぁ」

「それ、どこで買ったの？」

いったい何を言っているんだろう？　転職デビルは。自分がＡＩだから、最新のパソコンやデジタル機器のことが気になるのだろうか？

「マツカネカメラだよ。近所の」

「パソコンはネットでも買えるけど、なんで家電屋で買ったんだい？」

「それは、えーと……なんでだっけ？　たしか、ネットで見たけど種類が多すぎてよく分からなくて、とりあえず実物を見ようと思ってマツカネカメラに行ったら、店員さんがすっごく親切にいろいろ教えてくれたから、そのままそこで……」

「つまり、購入の決め手はパソコンのスペックやデザインではなくて、店員さんってこと？」

「だって、その人、わざわざメーカーに電話かけて細かいことまで調べてくれたんだよー。値下げもしてくれたし、初心者の僕にも分かるように丁寧に説明してくれたし」

「それだよね？」

「え？　何が？」

「転職の決め手だよ」

「え？」

家電屋の店員さんの顔が頭に思い浮かんでいた僕を、転職デビルが現実に引き戻す。

「人材採用っていうのは、ある意味で買い物なんだ。すごく高い買い物」

「人買いみたいで、嫌な言い方だなぁ」

「単なる例えだよ。企業が正社員一人を採用するのに、最低でも年収の１・５倍〜２倍くらいの人件費が掛かる。田中君の年収が３５０万円だとしても、年間５００万円以上の買い物になる。今後20年雇うと考えたら1億円以上の投資だ。将来の昇給分や退職金積み立てまで含めたら、２億円以上かもしれない。ものすごい高い買い物だろ？」

「それが、さっきのパソコンの話と何か関係あるの？」

「田中君はそのパソコンを買うとき、少しでも安くとか、できるだけハイスペックでコスパがいいやつ、みたいな基準じゃなくて、店員さんがめちゃくちゃ親切に対応してくれたことが購入の決め手になったんだろ？　向こうは仕事でやっているだけなのにさ」

「毒舌だなぁ、もう。こんなに僕のためにやってくれたんだって思ったら、買いたくなるだろ？　人間ってそういうもんだろ？」

「そう、それがポイントだよ。**面接官だって人間**なんだ」

　そう言うお前は、ＡＩのスマホアプリだけどな……。と思ったけど、怒られそうだから口には出さなかった。

「つまり、さっき田中君が言った『**こんなに僕のためにやってくれたんだ**』が、最終的な購入、つまり内定獲得の決め手になるんだよ。君の経歴や学歴、スペックではなくね」

44　最後に勝つのは「情熱」と「執念」のパワー

「もう少し分かりやすく言ってくれよ。その『こんなに僕のためにやってくれたんだ』って、面接官から見たら何に当たるんだい？」

「勘が悪いなぁ、田中君は。**企業研究**に決まってるだろ」

「企業研究？」

「さっき、アイスブレイクの話の中でチラっと言った会社の50周年記念の話とかね。『**この人は、ウチの会社のことをここまで調べてきたのか**』**という凄みが、内定をもぎ取る決定打になるんだ**」

「その会社のことを徹底的に調べるってこと？」

「応募する会社のことだけじゃない。**その競合他社、パートナー企業、関連企業、業界全体の需要や傾向、外部環境まで含めて、１００時間でも２００時間でも調べるんだよ**」

「すごい執念だな、それ」

「採用面接を受けに来た人の一人にしては、すごい執念に見えるかもね。でも、今から君は、その会社の社員として何年も働く予定なんだろ？　入社した後は、自社の商材のことや競合他社の動向、業界の動きについて考え続けるのは単なる日常だ。それがこれから10年以上続くかもしれない。その予行練習みたいなもんだ」

「言われてみれば、たしかに」

「転職活動において大事なのは、**徹底的な『相手目線』**なんだ。その企業の中の人と同じくらい、業界の最新ニュースや競合他社の動向にまで気を配って面接を受けに来る人がいたら、きっと面接官は心を動かされる」

「……」

僕は、ゴクリと唾を飲み込んだ。

「そこまで準備してくる人の真剣さに、心を打たれるんだ。そして、こう思う。『**この人は入社後も活躍できそうだな**』って。その企業の中の人と同じ目線を持っているからこそ、仕事で活躍するイメージが付きやすいんだ」

「なるほど」

「別に強みなんて持っていなくてもさ、ここまで面接の事前準備をして行けば、それが一つの強みになるよ。最終的な内定の決め手になるくらい、パワフルな強みにね。

言っただろ？　過去の経験だけを売りにしてもそう簡単に高く評価してもらえない場合、未来の自分の価値を売るんだ。『この人なら、きっとやってくれる』と信じさせる、将来の期待値を。これは**転職弱者に残された最後の手段**なんだよ」

「最後の手段？」

「そう。例えば、企業が採用条件に『英語を話せる人材なら歓迎』と書いていたとしても、転職活動期間内に英語をマスターするのは無理だろう。そのギャップを埋めるのは現実的に不可能だ。でも、その会社のことや業界について徹底的に調べたり、商品を試したり、口コミを読んだり、どんな広告キャンペーンやイベントを実施しているのか一つひとつ見たりするのは、誰にでもできるだろ？　時間と労力さえあれば」

「それは、そうだね……」

「他の候補者と比較されたときに、田中君は『英語スキル』という評価項目では帰国子女や海外留学経験者には勝てない。絶対に勝てない。でも、『熱心さ』や『志望度』という視点では勝てる可能性がある。つまり……」

「つまり？」

「企業分析や業界分析を徹底的にやって面接に臨むっていうのは、スキルも強みも何もない田中君に残された、起死回生の大逆転手段なんだよ。

いいか？　手を抜くなよ？　徹底的にやるんだ。そこで差を付けることができれば、どんな強敵にだって勝てる可能性がまだ残されている」

◉このパートのまとめ

43　最後に合格／不合格を分けるのは、人材としての強みやスペック、経歴などではなく、コミットメントの強さ

その企業のことをどれだけ真剣に考えているかという情熱が、面接官の心を打つ。

44　応募する会社のことや、商材の情報だけではなく、その競合他社、パートナー企業、関連企業、業界全体の需要や傾向、外部環境まで徹底的に調べる

そこまでやるからこそ、「この人は、ウチの会社のことをここまで調べてきたのか」

という凄みが内定の決定打になる。

この面接準備のプロセスは、学歴や経歴、地頭の良さなどに関係なく、誰でもやろうと思えばできるので、「強み」のない人にとっては一発逆転の超強力な手段になり得る。

第5章

「強み」がない人の転職決定プロセス

第1節「入社後にうまくやっていけるか」という不安

45 人材の評価は環境次第で変わる

「ここまで教えてきたことを全部やれば、田中君はきっと内定を獲得することができるよ」

「できるかなぁ、僕に」

「できるさ。**転職できない人なんていないんだ。**少なくとも、**今の環境が自分に合っていないと思うなら、どこかのタイミングで転職活動はしてみた方がいい**と思うよ」

「そうかなぁ」

「ずっと今のままは、嫌だろ？」

「嫌だ」

「月曜日の朝が、辛いんだろ？」

「……辛い」

「会社に行くまでの通勤時間が、憂鬱なんだろ？」

「憂鬱だよ」

「私も昔は、そうだった。仕事が嫌で嫌で仕方がなかったし、職場が大嫌いだった」

「昔？」

「いや、何でもない」

「転職デビル？」

スマホ画面の奥の無表情なクマの顔とは裏腹に、その声には感情が込もっていた。本当にコイツはＡＩなのだろうか？

「とにかく、転職できるかできないかは、やってみないと分からないだろ？　まだ何もしていないのに、自分にはできないと決めつけるのは絶対に良くないよ」

「それは、そうかもしれないけど……」

「実際、そうやって『どうせ転職なんて無理だ』と我慢して働いている人はたくさんいると思う。でも、その考え方は本当にもったいないよ。仕事ができる・できないとか、強みがある・ないとかも、すべて職場環境次第だ。自分が身を置く環境によって、仕事ぶりも周りの評価もガラッと変わるんだよ」

「強みの有無も、環境次第？」

「何度も言っているじゃないか。**どんなにすごい強みを持っている人でも、自分の土俵以外では弱くなる**んだ。どこに行っても活躍できる人材なんて、この世にはいないんだ。結局は、**仕事のパフォーマンスは環境次第で決まる**んだよ」

「そうかな？　仕事ができて優秀な人は、転職市場でも引く手あまたで、どんな職場に行っても活躍し続けるんじゃないの？」

「そういう人たちは、自分が活躍できる職場を見つけるのがうまいだけだ。つまり、自分の土俵で戦っているだけ。どこに行っても確実に勝てるわけじゃない」

「本当に？」

「そうだよ。かの有名な『孫子の兵法』に書いてある重要な教えだって、『勝てない敵とは戦わないこと』なんだぞ。歴史上随一の戦略書にさえ、そう書いてある。世界最強の戦略とは、自分の土俵以外では戦わないことなんだ」

「なんか、それカッコ悪くない？」

「カッコ悪くねーよ！　最高にクールじゃねぇか！　人間の能力差なんて、言うほど大きくないってことなんだよ。オールマイティで百戦百勝できるヤツなんてこの世にいないんだ。もしいるとしたら、自分の土俵以外では絶対に戦わず、平気で逃げるヤツのことさ」

「逃げるだなんて……」

「〝戦略的離脱〟だよ。敵前逃亡じゃない、戦略的に場所を変えるだけだ。そもそも、サラリーマンの評価なんて上司との相性次第でもガラッと変わるだろ？　たまたま気の合う上司と巡り合えるかどうかなんて、ほとんどガチャみたいなもんなんだ」

「上司ガチャってこと？　本当に優秀な人なら、どんな上司とでもうまくやれるんじゃないの？」

「ない、ない。**上司ガチャと配属ガチャには、誰も勝てない**。どんな会社でも、どの部署、どの上司でも必ず活躍できるスーパーマンなんて、この世にいないよ。**だからこそ、自分に合う環境を見つけるのが大事なんだ。今の職場に対して『ここは自分の居場所じゃない』と思うなら、勇気を出して環境を変えないといけない**」

「勇気……？」

「そうだ。転職で理想の環境を手に入れられる人と、自分に合わない環境で我慢して働き続ける人の一番の差は、**一歩前に踏み出す勇気の有無**だよ。**自分の居場所を変える勇気**があるかどうか。元々持ってる強みや、経歴や、スペックではなくね」

46　転職の決め手が弱いなら転職しなくてもいい

「でも、やっぱり怖いなぁ。新しい職場に飛び込むのって」

「気持ちは分かるよ。誰だって怖いよ。たまに、転職経験者を『メンタルが強い人』だと思っている人がいるけど、大きな勘違いだね」

「違うの？」

「違うよ」

「えー、でも、そういう人って元々メンタルが強いから、自分に自信があって、面接でも堂々と振舞うことができるんじゃないの？　だから、余裕で内定を手に入れて、楽勝で転職していくんじゃないの？」

「全然違う。**転職は怖い。誰だって怖い**。どんなに自信満々に見えるヤツでもね」

「そうなの？」

「転職が怖くないヤツなんて、いないんだ。みんな、知らない環境に移るのは怖いよ」

「だったら、どうして……？」

「同じ環境にそのまま長く居続ける方が、ずっと怖いからだよ」

ギクッとした。ずっと見て見ない振りをしていた本音を、掘り起こされた気がした。

「もちろん、転職は怖いよ。勇気がいる。同じ会社にずっといるのは惰性でも思考停止でもできるけど、転職はそうじゃない。自分で真剣に考えないといけないし、行動しないといけない」

「……」

「日本では、よっぽどの問題を起こさない限り会社をクビになることはないから、とりあえず今の会社で働き続けることは可能だ。でも、たとえそれが条件的に可能でも、精神的・肉体的に可能じゃないとしたら？」

「病んじゃうってこと？」

「合わない環境で生きることは、私たちにはできないんだよ。自分の心身を削るような仕事をずっと続けても、いつかは限界が来る」

「怖いね」

「転職は、怖いと思うよ。でも、自分の土俵ではない場所にずっと残るのも、それはそれで怖いと思わないかい？　ここは自分の本当の居場所じゃないと思っているのに、そのまま我慢して、嫌だ嫌だと思いながら月曜日から金曜日まで働き続けるんだ。今週も、来週も、再来週も、その次も」

「怖いね」

「もちろん、今の職場で働くより、転職して次の職場に行くストレスの方がずっと大きいなら、無理に転職する必要はないよ。そのまま働き続けたらいい。5年後、10年後、20年後も同じ会社で働き続けるイメージができるならね」

「それは……」

「どっちが怖いかの話さ。転職は未知の世界だから怖い。でも、35歳、45歳、55歳になったとき、今と同じ職場にいる自分の姿を想像するのも、十分怖いと思わないかい？」

鳥肌が立ってきた。怖い。怖すぎる。本当に悪魔のようなことを言うヤツだ。

「もちろん、転職候補の企業に対して入社の決め手がないなら、焦って転職しなくてもいい。次のチャンスを待てばいいだけだ。転職活動って、人によっては1年〜2年以上かかる場合もあるからね。長期戦でじっくり探せばいいんだ」

「2年以上⁉　それは、さすがに気が滅入りそうだなぁ」

「いいんだよ。間違った会社に入社しちゃうくらいなら、時機を待った方が良いに決まっている。変に焦って転職を決めて、次の会社も自分に合わない環境だったら、またすぐに辞めたくなって無駄に転職を繰り返すことになってしまう」

「やっぱり、**転職を繰り返すのはマズいんだよね？**」

「マズいね。かなりマズい。明確な強みや市場価値があって、自分の土俵を見つけられている人なら、何度か転職したって問題ない。でも、強みがない人、土俵が見つかっていない人が自己ＰＲの工夫次第で転職可能なのは、せいぜい１回か２回だ。さすがに、20代で３回以上転職を繰り返す人はまともな仕事が見つからなくなって、もう一生、微妙な待遇の職場でしか働けなくなってしまう。自分の土俵を見つけられないまま、経歴が弱いまま40代になっても転職を繰り返している人は、徐々に待遇が下がっていってお金に困ると思うな」

「うぅ……、それは嫌だ……」

「だから、**今は強みがないとしても、強みを見つけるための転職にしないといけないんだ。**新卒で入った１社目の会社で自分の土俵が見つからなくてもかまわない。自己ＰＲの工夫で乗り切れるから、そんなに大きな問題はない。でも、その状態のまま２社目でも３社目でも自分の居場所を見つけることができなければ、結局は将来は暗いよ」

47　入社後のミスマッチをなくす方法

「でもさ、入社してみたら思ってたのと違ったって話も、よく聞くよね？」

「まあ、あるよね」

「それが怖いな、と思って。入社前には絶対にこの会社だ、自分の土俵だと思っていても、実際に入ってみたらブラックな環境でハラスメントだらけでヤバい職場だったってこともあるわけでしょ？」

「あるね」

「それって、何とか見極める方法はないのかな？」

「言っただろ？　そこが本当に自分の土俵かどうかは、一定期間働いてみないことには分からない。未経験の仕事に対して、想像だけで判断するのは難しい。でも、**ブラックな会社かどうかを見極める方法**なら多少はあるよ」

「あるじゃないか！　教えてくれよ、それを！」

「万能で確実な方法ってわけじゃないけどね。たぶん一定の基準にはなると思う。具体的

に言うと……、

・転職先の会社の、社員同士の関係性を見る。
・その会社の直近の課題について聞く。

こんなところかな」


「社員同士の関係性って？」

「中途採用の面接って、最低でも2回はあるのが普通だ。つまり、面接官は複数いるだろ？一次面接の担当者と、最終面接の担当者は当然、別の人物だ」

「そうだろうね」

「最終面接のときに、最初でもいいし面接途中でもいいんだけど、**チラっと一次面接の担当者の名前を出してみる**んだよ。『先日お会いした○○課長のお話が面白くて、非常に興味を持ちました！』みたいに。そうすると、**面接官の同僚に対する反応が見れる**んだ」

「同僚に対する反応？」

「社員同士、風通しが良くて信頼関係ができている職場ならね、『ああ、○○さんね、彼はなかなかの切れ者でさぁ』みたいに、気さくなエピソードが自然と出てくるものなんだ。逆に『え？　誰それ？』みたいな反応だったら、その会社では、同じ採用候補者の面接官同士でさえコミュニケーションが取れていないことになる。心配になるだろ？」

「なるほど」

「一次面接が2対1とか面接官が複数いる場合は、もっと分かりやすいよ。**その二人の間のやり取りを注意深く見ていれば、上下関係や普段の立ち居振る舞いが見えてくる。**面接の場で猫を被る人はよくいるけど、同僚に接する態度はなかなか面接の場だけ変えるってできないからね」

「へー。転職デビルは、なかなかズル賢いことを思いつくねぇ」

「〝ズル〟は余計だよ。〝賢い〟だけでいいだろ」

「ハハハ……。もう一つの、『直近の課題について聞く』というのは？」

「逆質問タイムってあるだろ？　たいていは面接の最後に『何かそちらから質問はありますか？』って」

「ああ……。何を聞いていいか分からないやつね。でも、質問はないですって言うのもダメな気がするし」

「当然、質問は何かした方がいいよね。質問が何もないって、つまりはその会社に興味がないってことだろ？　もう何度も会って徹底的に話し尽くした後ならともかく、たった数回の面接でしかその会社のことを知らないのに、早くも質問事項がゼロだなんて、普通に考えたらあり得ない」

「でも、本当に何を聞いていいのか分からなくて」

「そういうときに聞くんだよ。会社の課題を。**『直近で、この部署で一番困っている課題は何ですか？』**って聞いておけば間違いない。この質問はマイナス評価には決してならないし、その転職先がヤバい会社じゃないかどうかを見極める一つのきっかけになる」

「課題が？　どうして？」

「例えば、このとき面接官が答える『当社の課題』が、業界の成長鈍化や、マーケットの規模縮小みたいなものだったとして、面接官自身がその課題にどう向き合っているのかまで答えてくれたら、会社の真剣な姿勢が見えてくるだろ？」

「たしかに」

「逆に、この質問に対する答えが『社内の風通しの悪さ』や『経営陣の無策』みたいな愚痴のような話だったら、たぶん、あんまり良い環境の会社じゃないよね」

「なるほど。課題を聞くことで、会社の環境や仕事に対する姿勢が見えてくるんだね」

「そういうこと。この質問に対して、属人的な問題とか、絶対に解決不可能な課題などを答えてくるなら、その会社はちょっとおかしい。でも、このとき、本当に真剣に解決したいと思っている課題について教えてくれて、それをどうやったら解決できるかを真面目に考えている姿勢が伝わってくるなら、その会社は誠実で良い環境ってことだ」

「うーーーん、深い質問だね」

「繰り返すけど、これは決して、入社後のミスマッチをなくす方法ではないよ。そんな都合の良い方法はないからね。あくまで、変な会社を避けるための少しの工夫ってだけだ。入社前後のギャップって、多少はあるものだからね」

「それって、ミスマッチってこと?」

「ミスマッチなのかどうかは、半年か1年くらい働いてみないと分からないさ。短期間で判断はできないし、入社前に正確に見分けるのは無理だ。転職って基本的に、100%入社する前に想像していた通りの職場だったってことは、そうそうないしね。別にそれは、ネガティブなことではないんだ」

「え? 入社前後でギャップがあったら、ネガティブじゃないの?」

「そうとは限らないよ。逆に、何もかもが全部想像通りだったら、つまらないだろ？　業務内容にしたって、働く環境にしたって、想像とは多少はズレがあるものさ。でも、それでいいんだ。その体験も含めて、転職の醍醐味なんだから」

◉このパートのまとめ

45　強みがある人材かどうかは評価する人次第

どんなに優秀な人でも、どこに行っても評価されるわけではないので、自分の土俵を見つけるのが大事。ビジネスにおいて優秀とされている人たちは、自分が評価される場所を探すのがうまいだけ。

46　焦って転職を決めて、また次も自分に合わない職場に入ってしまったら意味がない

転職先をきちんと選んで、今は強みがないとしても次の職場では「強み」や「自分の土俵」を見つけられるようにならないといけない。

47 入社前後のギャップは、多少は必ずある

何もかもが予想通りということは、現実的にあり得ない。その変化を楽しむくらいの精神的余裕があった方がいいし、その体験もまた、転職というイベントの醍醐味である。

第2節 「強みがない」を払拭するために

48 「強み」の正体

「結局は、自分の居場所を見つけるのが、転職のゴールってことなのかな？」

「そう言ってもいいいと思う。**強みがある人と、ない人の間にある差。それは、自己PRがうまいか下手かの差、もっと言うと、自分が個人的に勝てる土俵を見つけた人と、見つけられていない人の差でしかない**と私は思っている」

「実力があるかないか、頭が良いか悪いかの差ではなく、ってことだよね？」

「やっと分かってきたじゃないか、田中君。それが、人材としての『強み』の正体だ」

「正体？」

「そうだよ。転職市場において、『強い人』と『弱い人』がいるわけじゃない。**『この分野では強い人』**や、**『この領域に限っては弱い人』**がいるだけだ。そして、**『まだ自分の土俵**

を見つけられていない人』がいるだけだ。だから、**その土俵を探すための努力の過程が、転職活動であり、キャリア**なんだよ。自分探しではなく、土俵探しだね。それを見つけられた人が強い人になるってだけなんだ」

「仕事上で自分が得意とする土俵を見つけられた人が、『強みのある人』ってこと?」

「そうだ。そして、『強みがない人』っていうのは、まだ土俵が見つかっていないに過ぎない。たったそれだけの差なんだよ」

「……」

「田中君。この世の中において、「強い人」と「強くあろうとする人」の間に、本質的な差なんてないんだ。君が『あの人は強そうだ、優秀そうだ』と思っている人も、ただ、強く見えるように、優秀そうに見えるように振舞っているだけなんだ。自分が強く見える土俵を、運よく見つけることができただけなんだ」

「え?」

「それを、人は『能力』と呼ぶ」

「能力が高い低いは、見せ方と居場所の問題ってこと?」

「大部分はそうだと、私は思っている。というか、元々頭が良くて優秀でも、相手に対する見せ方が下手ならその人は評価されない。逆に、頭が悪くてスキルのない人でも、相手に対する見せ方が抜群にうまければ、その人は最高評価を受けるんだ」

「そんなの、ひどくない？」

「いいや、違う。まさにその、**相手から評価されるための言語化とコミュニケーションスキルこそが、ビジネスパーソンに一番必要な『能力』**だからだよ。自分が評価されるべき土俵を探し出して、そこでしか戦わないのも、重要な『能力』のうちだ」

「能力が高いか、低いかの差は、自己ＰＲスキルと環境選びの差ってこと？」

「そうだね」

「何となく、分かったような、分からないような……」

49　「強い人」と「強くあろうとする人」の間に本質的な差はない

「例えば、ある人が採用面接で『〇〇の経験はありますか？』と聞かれて、『はい、あります』と答える。面接官がもっと詳しく聞いてみると、なかなか説得力のあるエピソードが出てきて、どうやら本当に活躍できそうな人材だと、好感が持てる。そして、その人は実際に入社後にも即戦力として活躍をして、申し分ない結果を出すんだ。田中君は、この人をどう思う？」

「優秀な人？」

「違うよ。この人は、田中君だ」

「僕？」

「そうだ。君にも、そうなれるチャンスがある」

「いや、僕にはそんなの無理だよ」

「無理じゃない。それが、無理じゃないんだ。いいか、田中君。**物語の主人公は、君自身なんだよ**」

「主人公って？」

「あの人は強みがあるからできるんだ。でも、自分には強みが何もないからどうせ無理だ。あの人は優秀だから転職でも成功するんだ。でも、自分は優秀じゃないからうまくいかないんだ……。そんな風に考えてはいけない。自分には強みがないから、才能がないから、能力がないから、なんて便利な言葉を言い訳にして逃げてはいけないんだ。もう、逃げ続けるのはやめるんだ」

「でも……」

「でも、じゃない。君は、この世界の中心はどこか別の場所にあって、自分は脇役に過ぎないと思っているだろ？　世界の中心で輝いている人たちと、自分は人種が違うと思っているんだろ？　そうじゃない。そうじゃないんだ。**君だってこの世界の主人公になれるんだ。自分を『誰に』『どうやって売るか』という土俵と自己PR技術さえあれば**」

「土俵と、自己PR技術……」

「田中君は本当にネガティブなヤツだから、見せ方がうまいだけじゃダメだと思っているかもしれないけど。実際、転職活動での評価が高くて、入社後の同僚からの評判も良くて、人事評価もAだったら、それはもう『優秀な人』だろ？　そのウラは、採用面接や、同僚付き合いや、人事評価面談での立ち居振る舞いがうまいだけだったとしても。ただ単に個人的に合っていて評価されやすいフィールドを運よく見つけることができただけだったとしても。でもね、それこそが『能力』だって言っているんだ。その自己PRスキルと、土俵選びのうまさこそがね」

「……」

「もう一度言う。最初から、**『強い人』と『強くあろうとする人』の境目なんて存在しない。**

みんな同じなんだ。現時点で君に『強み』なんて何もなかったとしても、君の経験が評価されそうな場所をうまいこと見つけて、『これが僕の強みです』と言って売り込むことさえできれば、それでいい。そうすれば、君はもう本当に『強い人』と同じになる。そこにあるのは、頭の良さや才能の差ではない。資格や学歴の差ではない。社格や年収の差ではない。自分を相手に売り込むスキルを身に付けているかどうか。自分の適性に合う職場を見つけることができるかどうか。たったそれだけの差なんだ」

50　転職する勇気

「でも、僕みたいに実力がないヤツが、いくら居場所を探し回って、自己PRのスキルだけ身に付けたって……」

「田中君は、この世界に『実力のある人』と『実力のない人』が存在すると、まだ思っているんだろ？　そうじゃないって言ってるんだ」

「……」

「いいかい？　実力の差なんてものは、環境が変われば一瞬で変わる。上司や評価者が変われれば一瞬で逆転する。そのくらい脆くて、曖昧で、価値がないものなんだ」

「実力の差が、存在しない？」

「結局は、実力があるか、ないかだって他者からの評価だろ？　上司の人事評価だったり、面接官の採用試験の評価だったりするわけだろ？　スカウターでサイヤ人の戦闘力を図るみたいに、具体的な数字が出てくるわけじゃないんだ。健康診断でγ‐ＧＴＰがいくつだとか、最新の計測値が正確に見えるわけじゃないんだ。他者の主観的な目からどう見えているかが、イコール実力なんだよ。だから、本来自分には実力があるとかないとか、気にする必要はないんだ」

「実力があってもなくても、あまり関係がないってこと？」

「そうだ。今の君に必要なのは、人材としての強みや実力ではない。自分を他者に売り込むためのスキルだ。自分が評価されるべき居場所を見つけるスキルだ。そして何よりも、**転職という道に一歩踏み出すための勇気**なんだ。私はそう思っている」

「勇気？」

「どうせ自分にはできない、強みが何もないから無理だ、実力が足りないからダメだ……。そんな風に考えるのをやめて、腹を括って、将来を切り開くために有効な戦略を練るんだよ。田中君が今よりも高く評価される場所を探すんだ。奇跡的に巡り合えるまで、必死に探すんだ。そして、その場所において最も効果的な方法で自分自身を売り込むんだ。それこそが、この社会における『能力』の本質なんだから。そして、それは**誰でも努力次第で身に付けることができる。転職する勇気さえあればね**」

「僕にも、できるかな？」

「できる。絶対にできる」

「絶対？」

「できるさ。だって、これは人それぞれの実務経験年数や資格、学歴や社格などの差ではないんだ。自分の過去の経験が何であれ、それを『誰に』『どうやって売るか』という、自分の売り込み方の問題なんだから」

「……『誰に』『どうやって売るか』……」

「そうだ。ゾクゾクしてこないかい？　そのスキルを身に付けて、勇気を出して一歩踏み出したとき、君の世界は変わるんだ。今まで見えていた世界とは、明らかに違う。まるで別世界に足を踏み入れたような、生まれ変わったような気分になれるだろう」

「別世界？」

「そこには、能力や実力という概念はない。そこにあるのは、自分自身を『誰に』『どうやって売るか』という虎視眈々とした戦略だけだ。

おめでとう、田中君。もう君は、こっち側の人間だよ」

［転職デビル］

毒舌でおしゃべりなデビルは、強力な力と知識を持っており、その指導に従うことで目の前の問題を迅速に解決できます。ただし、悪魔との取引には高い代償が伴うことが多く、長期的に見て自身や周囲に深刻な影響を及ぼす可能性があります。

僕は不意に思い出した。

このスマホアプリをダウンロードしたときの、最初の設定画面――。

転職エンジェル、転職デビルなどのキャラクター選択の説明文には、たしかに書いてあった。

「悪魔との取引には高い代償が伴うことが多く、長期的に見て自身や周囲に深刻な影響を及ぼす可能性がある」と。

それは、まるで本当に、悪魔との取引のようだった。悪魔に魂を売ったかのように、僕は転職デビルが誘《いざな》う世界に惹きこまれていった。

「強い人」と「強くあろうとする人」の間に、本質的な差なんてない。

一見、強そうに見える人も、その実態は、強く見せるのがうまいだけ。運よく自分の土俵を見つけることができただけ。

自分が勝ち続けられる土俵を探すための努力の過程が、転職活動であり、キャリアである。

キャリアを開花させ、成功するために必要なのは、人材としての強みや実力ではない。

自分を他者に売り込むためのスキルと、自分が評価されるべき居場所を見つけるスキル。

そして、転職という道に一歩踏み出すための勇気である。

この世界に、能力や実力という概念はない。

そこにあるのは、自分自身を「誰に」「どうやって売るか」という虎視眈々とした戦略だけ。

それは、まるで本当に、悪魔との取引のようだった。これから変わっていくであろう自分の将来に思いを馳せ、静かな興奮と胸の高鳴りを抑えながら、僕はそっと息を呑んだ。

転職デビルは、スマホ画面の向こうで笑っていた。

その表情は、不敵な悪魔の笑みというよりは、優しい先生のような微笑だった。

◉このパートのまとめ

48　転職活動の目的は、自分が勝てる「土俵」を見つけること

「能力がある人」とは、自己ＰＲや見せ方がうまく、自分の強みを発揮できる環境を見つけた人を指す。人材としての強みの有無は、その人が個人的に勝ち続けられる「土俵」を見つけられるかどうかにかかっている。

49　「強い人」と「強くあろうとする人」の間に本質的な能力の差は存在しない

自分には強みがないと簡単にあきらめてはいけない。目の前の現実から逃げず、自己ＰＲと土俵選びを工夫すれば、成功の道はいつか拓けるはず。

50　勇気を出して一歩踏み出せば新しい世界が見えてくる

多くの人が「実力」だと思っているものは、単なる他人からの評価に過ぎず、所属環境や評価者によって簡単に変わる主観的なものである。自分には実力がない、能力が低いなどと過度に気にする必要はない。

大事なのは、強みや実力があるかどうかではなく、自分に最適な場所を見つけて適切に売り込むスキル、そして、転職に踏み出すための勇気。

エピローグ

「社長、それで、その田中君という人は、理想の転職先を見つけることができたんですか？」

「知らないよ。それは本人次第だろ？」

「えーーー、その後のことは気にしてないんですか？　さすがは社長、まるで悪魔みたいなことを言いますね」

「君も、まるで田中君みたいなことを言うなぁ」

「でも、その彼、結局最後まで社長のことをＡＩのスマホアプリだと思ってたんですよね？」

「そうみたいだね」

「なんで気づかなかったんでしょうね？」

「悪魔だからさ」

「え？」

「私が、悪魔だからさ」

「いやいや、怖いですって。正直に言ってくださいよ。途中でＡＩシステムの開発予算がなくなって、自分でＡＩの代わりをやるしかなくなったって」

「そんなカッコ悪いこと、言えないだろ？　いいんだよ。結局は、この世の中は自分を相手にどう見せるかだ。実力だの本質だの実態だの、そんなのはたいした意味を持たないんだよ」

「マジで悪魔っぽいっすね。安斎社長」

そう言われて、スマホ画面の向こうにいた悪魔は微笑んだ。

今日も彼は、誰かを別世界へと誘い込む。

転職の向こう側にある、未知の世界へと――。


この物語はフィクションです。登場する人物、団体などはすべて架空のものですが、「強みなんてなくても転職できる」と勇気を出して挑戦することの大切さは、本物です。

あとがき

最後まで読んでいただき、ありがとうございます。

今まで、転職やキャリア、働き方、副業などについて書籍を出版し、ｎｏｔｅやブログ、Ｘ（旧Ｔｗｉｔｔｅｒ）などでの情報発信を続けてきました。

その中で寄せられた感想、フィードバックのうち、割と多かったものの一つが、

「安斎さんは国立大学卒で英語ができるから、キャリア成功しただけでしょ？」

「大手メーカーの海外営業部だってさ。そんな立派な経歴なら転職も余裕でしょうね」

というものでした。

私は地方の国立大を出ていますが、いわゆる一流大学卒ではありません。「就職に強い大学」ランキング完全圏外です。新卒の就活ではそこそこ有名な大手老舗メーカーに就職していますが、トヨタでもＧＡＦＡでも三菱商事でもなく、田舎の庶民的な会社です。

それでも、

「この人はもともと能力が高いから転職で成功できたんだ」

「強みを持っている人はいいですよね。でも、何の強みのない私には関係ないです」

と言われると、なんだかくすぐったいような、歯がゆいような、残念なような、不思議な感情に包まれます。

私は、自分のことを「頭が良い」「能力が高い」と思った経験はあまりないです。

ただ、「自己PRやプレゼンテーションが抜群にうまい」「自分が高く評価されるフィールドを運よく見つけることができた」とは、強く感じています。

強みがある人と、強みがない人の間に、境目など存在しないと私は本気で思っています。

本書に出会った読者のうち一人でも多くの方が、自分を「誰に」「どうやって売るか」という悪魔のスキルを身に付けて、この地獄のような社会の困難を乗り越え、将来へと羽ばたいていくことを心から願っています。

本書の執筆には、多くの方々のご協力を賜りました。

育鵬社の山下徹様には、企画当初から粘り強く、刊行までお付き合いいただきました。誠にありがとうございました。物腰柔らかな笑顔の裏に鋭い知性と情熱を秘めた、とても素敵な担当編集さんでした。

本書の企画検討、編集、デザイン、推敲、校閲、印刷、流通、営業、広報など、一連の制作プロセスに携わっていただいた一人ひとりのスタッフの皆様にも、心より御礼を申し上げます。本当に、今の時代に紙の書籍を発売できるのは大変貴重で有難いことです。

この本に出会って、何かを感じた方、地獄の入り口を垣間見た方は、ぜひ転職デビルのｎｏｔｅやXも覗いてみてください。もっと面白いものが見えてきますよ。


では、またどこかでお会いしましょう。

お相手は、安斎響市でした。

２０２４年11月

【著者略歴】
安斎響市（あんざい・きょういち）

1987年生まれ。日系大手メーカー海外営業部、外資系大手IT企業の事業企画部長などを経て、2023年に独立。「転職とキャリア」をテーマに、書籍、note、ブログ、Xなどで情報発信を続けている。著書に『私にも転職って、できますか？』『すごい面接の技術』『正しいキャリアの選び方』（以上ソーテック社）、『転職の最終兵器』（かんき出版）、『note副業の教科書』（ぱる出版）など。

転職する勇気
「強み」がない人のための転職活動攻略マニュアル

発　行　日　2024年12月25日　初版第1刷発行

著　　　者　安斎響市
発　行　者　秋尾弘史
発　行　所　株式会社　育鵬社
〒105-0022　東京都港区海岸1-2-20　汐留ビルディング
電話03-5843-8395（編集）　https://www.ikuhosha.co.jp/

株式会社　扶桑社
〒105-8070　東京都港区海岸1-2-20　汐留ビルディング
電話03-5843-8143（メールセンター）

発　　　売　株式会社　扶桑社
〒105-8070　東京都港区海岸1-2-20　汐留ビルディング（電話番号は同上）

印刷・製本　サンケイ総合印刷株式会社

ISBN978-4-594-09821-6

本書のご感想を育鵬社宛にお手紙、Eメールでお寄せください。
Eメールアドレス　info@ikuhosha.co.jp

◉関連リンク

note 週刊連載「安斎響市の転職相談室」
（https://note.com/kyo_anzai/）

X アカウント：安斎 響市 @ 転職デビル
（https://x.com/AnzaiKyo1）

無料 AIコミック『漫画で学ぶ 転職活動』シリーズ
（https://www.amazon.co.jp/gp/product/B0D5CS56Y8）